D1734404

Lindschau · Jahrgang 17 unter Denkmalschutz

Nis Heinrich Lindschau

Jahrgang 17
unter Denkmalschutz

Reiff Schwarzwaldverlag Offenburg

Die Deutsche Bibliothek - CIP-Einheitsaufnahme

Lindschau, Nis Heinrich:
Jahrgang 17 unter Denkmalschutz / Nis Heinrich Lindschau.
- Offenburg : Reiff, Schwarzwaldverlag., 1998
 ISBN 3-922663-55-9

Konzeption und Layout:
Roland Hänel

Satz und Reproduktionen:
Markus Luchner

Druck:
Reiff Printprodukte & Datenservice, Offenburg

Verarbeitung:
Buchbinderei Spinner, Ottersweier

Abbildungen:
Nis Heinrich Lindschau
Archiv OT

Inhaltsverzeichnis

Teil I

Wie alles begann

Wie alles begann

Es war in Venedig wenige Tage nach dem 20. Juli 1944. Mir gegenüber saß Ernst Gläser, ein in den zwanziger Jahren bekannter Schriftsteller. Sein Buch „Jahrgang 02", Roman einer Jugend zwischen Schule, Front und Heldentod, hatte zunächst Furore, später politischen Ärger gemacht. Für die Nazis war dies Erlebnisbuch eines jungen Soldaten zu ehrlich, zu literarisch und entsprechend zu unheldisch, paßte nicht in den Rahmen einer Kriegsliteratur, deren markantester Titel Ernst Jüngers „In Stahlgewittern" war. Dennoch hatte man ihn zum Chefredakteur der Frontzeitung der Luftwaffe in Italien „Adler im Süden" berufen, nicht ohne ihn besonders kritisch zu beobachten. Gedruckt wurden die Soldatenzeitungen in der Lagunenstadt beim „Gazzetino di Venezia". Nach dem Fall Roms, wo ich in der Druckerei der KPI-Zeitung „Unita" die regionale Italien-Ausgabe der zentralen Wehrmacht-Frontzeitung „Front und Heimat" als Chefredakteur gestaltet hatte, wurde ich nach Venedig abkommandiert, um die Arbeit von dort fortzusetzen.

Mir war klar, daß der Kollege Gläser mich mit größtem Mißtrauen betrachtete. Schließlich war nach dem Attentat auf Hitler höchste Vorsicht geboten. Immer wieder verschwanden Verdächtige. In langen Gesprächen kamen wir uns dennoch näher, wurden trotz des Generations-Unterschieds Freunde, die ganz offen über „später" sprechen konnten. Auch über eine mögliche Zusammenarbeit. Dafür hoffte Gläser auf die Hilfe alter Freunde in Amerika. Darüber entstand die Idee, ich könnte analog zu seinem Erstlingswerk ein Erlebnisbuch meiner Generation schreiben. Als Titel dachten wir an „Jahrgang 17 unter Denkmalschutz". Diese Formel war unter Jahrgangskollegen schon länger üblich. Jahrgang 17 war jener Jahrgang, der gerade fertig ausgebildet war und den Löwenanteil von Unterführern und jungen Offizieren bildete, die als erste in den zweiten Weltkrieg zogen und entsprechend den höchsten Blutzoll leisten mußten. „Wer von uns überlebt, steht künftig unter Denkmalschutz" hieß eine gängige Parole.

Es sollte alles anders kommen, als mancher damals dachte. Ich bekam zunächst einen neuen Druckort in Südtirol, und danach sollte ich Gläser nie wiedersehen. Ehe ich Jahre später als Heimkehrer Kontakt aufnehmen konnte, war er verstorben. Für mich hatte am Tage der Kapitulation in Italien, die mich als Patient im Lazarett in Triest am 1. Mai 1945 überraschte, die größte Bewährungsprobe meines Lebens begonnen. An ihrem Anfang stand der große Hungermarsch der Zarobliniki in „die Schluchten des Balkans" (unfrei nach Karl May). Annähernd dreihunderttausend deutsche und italienische Soldaten wurden der jugoslawischen Armee anvertraut, die noch nicht die Umformung von Partisanengruppen zu regulären Truppenverbänden vollendet hatte . . .

Im letzten Kriegswinter hatte ich begonnen, das Konzept der ersten Kapitel von „Jahrgang 17" niederzuschreiben. An die hundert handgeschriebene Manuskriptblätter gab es in meinem kärglichen Gepäck, das beutegierige Posten immer wieder nach Schmuck und Uhren durchsuchten. Als der Hunger immer unerträglicher wurde, versuchten wir, aus geklauten Essensresten der Postenküche, Gras und Wurzeln etwas Suppenähnliches zu kochen. Da waren die Manuskriptblätter willkommener Brennstoffersatz. Danach aber fehlte für endlose Monate alles, was ein Mensch zum Schreiben braucht: Papier, Stift wie Feder oder gar eine Schreibmaschine, vor allem aber Kraft und Mut, in einem Dasein unterhalb der Schwelle, an der Menschenwürde beginnt, über den Tag hinaus zu planen. Nicht zuletzt sollten Jahre vergehen, ehe in einer völlig veränderten Heimat sich die von Schwerstarbeit in Steinbrüchen, auf Waldkommandos, bei primitivsten Formen von Straßen- und Gleisbau schwielig gewordenen Fäuste des Titosklaven 1945–48 wieder den Erfordernissen eines Redaktionsschreibtisches anpassen konnten. Doch was wog das alles gegenüber dem unwahrscheinlichen Glück, zu der knappen Hälfte jener zu gehören, die alles überstanden hatten . . .

Entgegen den Befürchtungen hatte ich kaum Schwierigkeiten, in meinen alten Beruf zurückzukehren. Für den kleinen Hitler-Jugendführer der Vorkriegstage, für den Soldaten im

Rußlandfeldzug und auch für den später verantwortlichen Kriegsberichter und Redakteur einer Soldatenzeitung galten vorweg die Sonderbestimmungen der britischen Besatzungsmacht, die erhebliches Verständnis für eine verführte Jugend des Kriegsgegners hatte. Wo kein Verdacht für irgendwelche kriminellen Verflechtungen bestand, wo gar zusätzliche besondere Härtefälle zu berücksichtigen waren, galt vorweg für die bei Kriegsbeginn noch Jugendlichen eine weitgehende Unschuldsvermutung. Auf den Spätheimkehrer aus jugoslawischer Kriegsgefangenschaft, der außerdem schwere Verwundungen und den Verlust nächster Angehöriger ertragen mußte, stand vorweg die Einstufung als „Mitläufer" und damit „Unbelasteter" fest. Mit fünf Mark war ich dabei und hatte freie Bahn für einen neuen Berufsanfang.

Da nicht nur ich, sondern auch der Rest der beiden Familien ausgebombt ohne Sachvermögen und dank der Währungsreform nach Null tendierenden Geldreserven dastanden, konnte ich keine großen Sprünge machen. Mein einziger Besitz war das, was ich aus dem Lager am Körper getragen hatte, der einzige Schatz war ein Karton mit geldwerten jugoslawischen Spitzenzigaretten der Marke „Macedonia Extra". Da immerhin meine Frau – inzwischen leidlich genesen – als Junglehrerin ein bescheidenes Gehalt bezog, gab es nur den Mindestsatz für Heimkehrer. Dennoch wollte sich die Familie stark machen, daß ich mein Studium wieder aufnehmen und damit eine neue solide Basis gewinnen konnte. Die Vorstellung, nicht meine Frau ernähren zu können, ja auf längere Zeit abhängig von schmerzlichen Opfern anderer Familienmitglieder zu sein, war mir unerträglich, hätte mein immer noch angeschlagenes Selbstbewußtsein weiter geschwächt.

So stürzte ich mich in das Abenteuer, mich als freier Reporter bei den wenigen damals schon zugelassenen Zeitungen in Schleswig-Holstein und Hamburg durchzuschlagen. Das enge Gebiet des kleinstädtischen Wohnsitzes reichte als Basis kaum aus, zwang dazu, per Fahrrad, Bus und Zug einen erweiterten Raum zu erschließen, in dem bereits 15 arbeitslose Kollegen ihr Glück versuchten.

Noch heute ist es kaum nachzuvollziehen, wie es mit einem Einsatz von täglich mehr als zwölf Stunden, einer geliehenen Schreibmaschine und einer Primitiv-Kamera möglich war, mit einem Zeilenhonorar von nur einem Groschen ein respektables Einkommen zu erzielen. Aber ich hatte nach eineinhalb Jahren doch die allerwichtigsten Anschaffungen für Bekleidung und Haushalt geschafft. Als im Oktober 1949 die alten Heimatzeitungen wieder erstanden, besserten sich die Voraussetzungen, aber die lukrativen, meiner Selbsteinschätzung entsprechenden Positionen waren schon vor meinem Wiederauftauchen in ganz Schleswig-Holstein restlos besetzt. Erst im Herbst 1950 bot sich in der Heide nördlich Hannover eine Einstiegschance als verantwortlicher Lokalredakteur einer Kreiszeitung.

Ein halbes Jahr später hatten wir es geschafft, daß die junge Lehrerin die Schwierigkeiten einer Beamtenversetzung in ein anderes Bundesland überwunden hatte, was uns später noch zweimal auferlegt war. Bis dahin gelang es auch im total übervölkerten Zonengrenzgebiet, in das ebenso wie nach Schleswig-Holstein Abertausende Heimatvertriebene geflüchtet waren, eine zunächst noch reichlich primitive Wohnung zu finden. Immerhin es war die erste Basis einer „bürgerlichen Existenz". Als uns dann trotz der ärztlichen Bedenken wegen der Verschüttungsfolgen bei meiner Frau ein kräftiger Stammhalter geboren wurde, waren wir überglücklich, auch wenn die berufliche Basis keineswegs meiner Selbsteinschätzung und den ehrgeizigen Vorstellungen gerecht werden konnte.

So setzte ich 1956 zum „Rösselsprung" nach Süden an und übernahm die Leitung der kleinen Stadtzeitung der Schuhmetropole Pirmasens in der Pfalz. Damit war ich jetzt „richtiger" Chefredakteur, wenn auch in einem bescheidenen Rahmen und mit beschränkten Möglichkeiten. Sie sollten sich erweitern, als man mich zweieinhalb Jahre später zur redaktionellen Leitung der mittelbadischen Zeitungsgruppe um das Offenburger Tageblatt holte. Ihr Ausbau sollte mir zur befriedigenden Lebensaufgabe werden.

Die Möglichkeit zur befriedigenden Wiedereingliederung in ein bürgerliches Leben verstand ich als moralische Verpflichtung gegenüber den Menschen und der immer stärker zur zweiten Heimat werdenden paradiesischen Landschaft zwischen Rhein und Schwarzwald. Dem gegenüber traten mancherlei verlockende Pläne eines erweiterten Wirkungskreises ebenso zurück wie die Wiederaufnahme eher schriftstellerischer und lyrischer Arbeiten, mit denen der jugendliche Anwärter auf die Mitgliedschaft im seinerzeit renommierten „Eutiner Dichterkreis" vor Kriegsbeginn in einer ganzen Reihe größerer Zeitungen hervorgetreten war. Einige Beispiele dieser „Jugendsünden" sind zur Auflockerung in den Text des Buches eingebaut, das schließlich doch noch die Erinnerungen eines über Achtzigjährigen der Öffentlichkeit vorlegt.

Allzuviel war geschehen seit jenem Gespräch mit Ernst Gläser im „Albergo Cavaletto" im Venedig des Kriegsjahres 1944, als daß der ursprünglich geplante Roman „Jahrgang 17 unter Denkmalschutz" die entsprechende Form hätte finden können. Die Hektik der Nachkriegsjahre und nicht zuletzt der selbst gestellte Anspruch, mit den beschränkten Mitteln einer kleinen Regionalzeitung im Konzert einer wesentlich größeren Konkurrenz mitzuhalten, ließen nicht Raum und Muße für eine zusätzliche schriftstellerische Arbeit. Darüber mußte der Plan „Jahrgang 17" immer wieder zurücktreten, konnte er nicht die ursprünglich gedachte Form finden.

Die Überwindung der Schwelle zum neunten Lebensjahrzehnt war nach dem Verlust der unvergeßlichen Lebensgefährtin Anlaß, doch noch einmal an „Jahrgang 17" zu denken. So wurde in der Erinnerung und in jenen persönlichen Dokumenten gekramt, die in der jahrhundertealten Eichentruhe der Ehefrau den Bombenangriff überstanden hatten. Was zunächst eher als „Erbe" für den Sohn und die Enkel gedacht war, schien dann – wenn auch in anderer Form – wert zu sein, als „Jahrgang 17" auch einem größeren Kreis zugänglich gemacht zu werden. Vielleicht kann es doch den ursprünglichen Zweck erfüllen, bei der nachfolgenden Generation ein wenig Verständnis für jene Jahrgänge zu wecken, die vom Zerfall des Kaiserreichs wie der Weimarer Republik geprägt wurden. Eben das machte es ihr so schwer, der großen Verführung einer ihr vorgegaukelten „tausendjährigen" nationalen Zukunft zu widerstehen, die sie trotz vieler Zweifel nicht rechtzeitig zu durchschauen vermochte. Darüber stolperte die Generation um den „Jahrgang 17" in jene historische Verstrickung, die man ihr auch nach einem halben Jahrhundert immer wieder anlastet. Aber dieser Jahrgang, seine Vorgänger und seine Nachfolger sind nun mal dazu verurteilt, nicht nur all das Leid und die Lasten der Kriegsjahre und der Nachkriegsjahre zu tragen, sondern immer wieder auch ein Stigma, vor dem anscheinend nur „die Gnade" einer späteren Geburt zu bewahren vermag.

Aus der Marsch
Wassermühle

14

Die alte Wassermühle

Dort, wo inzwischen der riesige Block des Kernkraftwerkes Brokdorf mit dem „Atom-Ei" am Deich des großen Trichters der Elbmündung das Bild beherrscht, wo überall die modernen Rotoren auf hohen Masten dem ständigen harten Seewind elektrische Energie abringen, standen vor einem halben Jahrhundert in regelmäßigen Abständen sehr eigenwillige kleine Mühlen. Die Holländer hatten sie mitgebracht, als sie den Elbstrom eindeichten, um sein Schwemmland in fruchtbare Wiesen und Äcker zu verwandeln. Allerdings bedurfte es künstlicher Entwässerung, denn dieses Land blieb bis zu zweieinhalb Meter unter dem „Meeresspiegel". Der Grundwasserüberschuß wurde wie in Holland durch ein System von Drainage- und Sammelgräben abgeleitet und mußte dann in deichgeschützte Vorfluter, die sogenannten „Wettern", hochgepumpt werden, damit man ihn bei Ebbe in den Strom ableiten konnte. Ehe elektrisch getriebene Pumpwerke diese Aufgabe übernahmen, besorgten die holländischen „Bockmühlen" diese Arbeit. Sie standen in unregelmäßigen Abständen auf den Deichen. Der Wind trieb die mit Tüchern bespannten Flügel, die jeweils in die richtige Richtung gebracht werden mußten, und die über ein hölzernes Getriebe die Pumpschnecken in den Saugschächten am Deich in Bewegung setzten. Das Prinzip war einfach und doch kompliziert. Neben unserem Rektorhaus sorgte damals der letzte Mühlenbaumeister Roßmann für den Ersatz der Holzschnecken, die das Wasser ansaugten. Heute wäre diese Arbeit ebenso unbezahlbar wie ursprünglich ein rostfreies Metall für die Saugschnecke. Da hatte Meister Roßmann in einen etwa acht Meter langen gleichmäßig gerundeten Baumstamm mit dem Stecheisen das Gewinde herausgearbeitet, ehe er Keil für Keil sorgfältig vorbereitet die Wasserschraube entstehen ließ. Wie habe ich diese Arbeit bewundert, die später kein Mensch mehr würde bezahlen können. Aber die Holländer-Mühlen sorgten mit garantiert ökologisch einwandfreier Energieverarbeitung für die Entwässerung fruchtbarer Böden an der Elbmündung wie in den holländischen Marschen. Die Bockmühlen wurden ab den dreißiger Jahren durch häßliche und geräuschvolle metallene Windräder ersetzt. Aber das Mühlenprinzip ist die sauberste Energiegewinnung.

Besonnte Kindheit

An die früheste Kindheit auf Fehmarn gibt es wenige Erinnerungen: Beherrschend das Bild vom herrlichen weißen Strand, dessen Sand allerdings zwischen den kleinen Zehen manchmal etwas schmerzhaft scheuerte. Anlaß genug, Papi anzubetteln „Hukepack". Aber dann war da noch die Ruine der alten Seeräuberburg, auf der Klaus Störtebeker sich vor den hansischen Kriegsschiffen versteckt haben sollte. Inzwischen zupften Ziegen das spärliche Gras zwischen den Mauerresten. Und nun ist die ganze Pracht verloren, und die modernen Strandräuber der Massentourismusbranche haben auf „Burg Tiefe" ihre riesigen Betonburgen errichtet. Das klassische Fehmarn ist mit der Vogelfluglinie auf Nimmerwiedersehen verloren gegangen.

Wir mußten Fehmarn an der Jahreswende 1924/25, verlorenes Paradies unserer Kindheit, das nur noch in den Erzählungen von Charlotte Niese, dem nordischen Gegenpart von Annette von Droste-Hülshoff weiter lebt, verlassen, damit die Kinder des Mittelschulkonrektors und Inselchronisten Nis Heinrich Lindschauens aufs Gymnasium gehen konnten. Und das betraf zunächst einmal die vier Ältesten. Sie in ein teures Internat auf dem Festland zu schicken, war nicht drin. So kamen wir nach Wilster, in die Elbmarsch im Winkel zwischen Nordostseekanal und Elbmündung, der später durch das Stigma „Brokdorf" weltweit bekannt wurde. Das kleine Städtchen Wilster war beherrschendes Zentrum einer Landschaft, der man noch heute ansieht, daß sie urprünglich von holländischen Siedlern dem Schwemmland vor der Elbmündung abgerungen wurde, dessen nährstoffreiche Erde in Jahrtausenden und über tausend Kilometer vom Elbstrom herangeschleppt und dann beim Zusammenprall mit der heranbrandenden Nordseeflut abgelegt wurde.

Die alten Marschhöfe stehen noch auf „Wurten" oder „Warften", die einmal Karre für Karre aufgeschüttet wurden, damit die Häuser nicht bei jeder höheren Flut „landunter" spielten. Wir Zugereisten erfuhren, daß in unserm Städtchen

16

uns eigentlich täglich zweimal das „Wasser bis zum Hals" stehen würde, wenn es nicht die Deiche gäbe. Aber daran gewöhnt man sich . . .

Wir haben uns schnell an die neuen Verhältnisse gewöhnt. Ich kam in die erste Grundschulklasse. Gerade hatte ich gelernt, dicke und dünne Striche mit Griffel und Federhalter zu ziehen, was für den Linkshänder schon schwierig genug war, und hier war plötzlich „Sütterlin" gefragt, und der Sohn des Schulleiters durfte sich nicht blamieren. Ein hartes Brot, aber Fräulein Schmidt wußte, wie man das kleine Cleverle zu behandeln hatte, das dank der Bemühungen der älteren Geschwister das Erstkläßlerpensum bis auf die technische Seite der Sütterlinschrift längst intus hatte. Er durfte dem Allerletzten helfen, den Anschluß an die Klasse zu halten. Damit war es nicht zu langweilig, im Geleitzug des Lernkonvois zu schwimmen, was später oft Schwierigkeiten und Ärger machen sollte. Wie unterforderte Kinder selbst zum Problemfall werden, bekam er später zu spüren.

Das Rektorhaus war geräumig, Vaters Vorgänger hatte sogar neun Kinder gehabt, und für ihn war beim Neubau des Schulhauses eine Dienstvilla gebaut worden, zu der ein großer Garten gehörte. Da war Platz für uns alle sieben.

Der Schulkomplex war am Stadtrand errichtet im ärmlichsten Teil der Gemeinde, dort wo das alte Bürgergebiet ins Fabrikviertel überging, was wenige Jahre nach unserm Umzug ins alte Gerberstädtchen die Situation total verändern sollte.

Noch waren die Lebensumstände ausgeglichen. Man hatte sein kleines Häuschen, sein Gärtchen, seinen Facharbeiterlohn. Und Rektors hatten sieben Kinder, und die trugen Bleyle, die nachgestrickt und . . . vererbt wurden. Unsere Mutter war ein Genie, durch optimale Ausnutzung des Gartens, eines angemessenen Geflügelhofs und die Mast von drei Schweinen wußte sie den Haushalt beinahe autark zu gestalten. So wurde das ökonomische Defizit der Kindervielzahl beinahe ausgeglichen. Für irgendwelchen Luxus reichte es dagegen nicht. Wir paßten uns der Umgebung weitgehend an, genossen die Besonderheiten der Landschaft, hatten neue Freunde und konnten sommers barfuß über die Straße weg in die Aue springen und in einem Wasser toben, dessen Sauberkeit allen Erkenntnissen moderner Hygiene Hohn sprach. Vielleicht waren wir deshalb in späteren Zeiten so ungewöhnlich resistent gegen mancherlei Infektionen.

Das Rektorhaus mit einer intakten Familie, seinem üppigen Garten – wenige Böden sind so dankbar wie die „fieselige" Erde des Flußsediments –, den großen Schulhöfen als idealen Spielplätzen, nicht zu vergessen die für damalige Verhältnisse moderne Turnhalle – all das bot beinahe ideale Voraussetzungen für alle Arten unbeschwerten Spiels. Aber zunehmend zogen düstere Wolken auf. Noch vor Beginn der großen Weltkrise brach der internationale Ledermarkt zusammen, und als erstes schloß der riesige Industriekomplex „Vachelederwerke Ballin" die Werktore. 1.200 Arbeitsplätze, mehr als die Hälfte aller in der Stadt vorhandenen, gingen auf einen Schlag verloren.

An die Hand genommen

Der Junge war von der Insel gekommen, der Kornkammer des Landes zwischen den Meeren. Deren stolze Höfe hatten eher Gütern als manchen Bauernkaten geglichen, wie sie gegenüber auf dem Festland in den alten Wendendörfern noch dominierten. In der Marsch war alles anders. Statt des mannshohen Roggen, über dem die weißen Wolkentürme ahnen ließen, daß am Horizont die blaue Ostsee lockte, waren hier überall Weiden mit einem Gras, dessen Farbe viel satter war als auf der Insel. Und wenn Wolken aufzogen, drohten sie allzu oft mit einem unheilverkündenden Blauschwarz, ehe sie ihre feuchte Last abwarfen.

Überall standen oder lagen rot-weiße Rinder, Kühe mit prallen Eutern, die nur zu gern im Gras ruhten und vor sich hin käuten. Man mußte genau hinschauen, wenn man sich nicht blamieren wollte. Sonst nannte man einen Ochsen eine dämliche Kuh, und die Freunde vom Hof lachten dann. Kuh und Ochs' unterscheiden, nun, das ging noch, wenn sie nicht gerade ganz ungeschickt da lagen. Aber, wie von vorn unterscheiden, ob dieser Ochs' nicht doch ein Bulle war? Dazu mußte man schon den dicken Schädel genau abschätzen.

Es waren die Pfingstferien, und der Junge aus dem Lehrerhaus in der Stadt hatte zum ersten Mal in einem Marschbauernhof unterm Strohdach geschlafen. Trotz aller Müdigkeit nach dem Bemühen, beim Heuwenden mitzuhalten, war er immer wieder wach geworden, wenn auf der Weide neben dem Haus eine Kuh ihre Sehnsucht hinausbrüllte. Die „rindert", meinte Freund Rudi, „vielleicht dürfen wir morgen mit, wenn der Tagelöhner sie zum Decken bringt." Was das bedeute? Rudi grinste nur: „Wirst schon sehen." Aber das Geheimnis blieb doch gewahrt, Rudis Mutter verbot, daß die Kinder mit zum Nachbarhofe gingen, wo der Bulle aufgestallt war. „Nichts für die Kinder", meinte sie, schon gar nicht für den Stadtjungen. Was würden dessen Eltern sagen?

Schlimm wurde es gegen Morgen, als der Junge von einem unheimlichen Geheule wach wurde. Draußen war die Welt in ein dickes Tuch gehüllt. Und wieder dies schreckliche Heulen. Auch wenn man ihn vielleicht erneut auslachen würde. Was machte das schon? Rudi lachte. „Ach", sagte er, „das hörst du in der Stadt nicht so laut. Wir sind hier dicht am Deich von der Elbe, und wenn der Nebel so dick ist, dann melden sich die Schiffe mit ihren Nebelhörnern, daß keiner gegen den anderen fährt. Müßtest mal im November hier sein. Da heult das Tag und Nacht. Der Bahnwärter nebenan, der von der Geest kam, mußte sich zurückversetzen lassen. Seine Alte kriegte das übern Kopf mit dem Getute. Und ich bin selbst ganz froh, daß ich in der Stadt bei Onkel Wilhelm wohne wegen der besseren Schule. Mich macht die Tuterei auch ganz brägenklüterich."

Wenig später brach die Sonne durch, und nur noch über den Gräben gab es Nebelschwaden. Das Getute hatte aufgehört, das Frühstück in der großen Küche schmeckte prächtig. Zu Hause aß er nur die Hälfte. Und dann gingen die Kinder – auch Rudis kleinerer Bruder war mit von der Partie – zur alten Holländermühle, deren Holzschnecke das Wasser aus dem größeren Graben in die Wettern hinaufpumpte. War das eine Wasserkunst! Das wollte der Stadtjunge sich noch genau erklären lassen. Rudi wußte auch nicht recht, wie es funktionierte, aber sein großer Bruder Simon, der den Hof als Bauer bewirtschaftete, hatte hoffentlich bald Zeit. Inzwischen mußte der Junge lernen, den breiten Graben zu überqueren.

Die kleinen und mittleren Grüppel konnte man gut überspringen, aber diesen hier, fast zwei Meter breit, das reichte nicht mal mit Anlauf. „Dahinten ist das Brett", sagte Rudi. Ja, da lag ein Brett über den Graben von einer Kante zur anderen, ein Brett gerade so breit wie ein Männerfuß lang. Ob das wohl hielt? Und wenn man nicht aufpaßte, lag man dann nicht drin im Wasser? Mißtrauisch beobachtete der Stadtjunge, wie die Freunde ganz selbstverständlich und ohne Zögern über das schmale Brett balancierten. „Komm schon", rief Rudi, „oder bist du feige?" Nee, feige wollte er nicht sein, aber Angst hatte er doch, als er ganz langsam Fuß vor Fuß über das Brett balancierte, die Arme wie ein Seiltänzer nach bei-

20

den Seiten ausgestreckt. Rudi und der Kleine schüttelten sich vor Lachen. „Du mußt üben!", meinten sie, „beim vierten Mal ist's ganz einfach." Und das war es wohl, jedenfalls tat er so.

Wenig später sahen sie, wie ein Auto auf dem Hof hielt. Autos gab es in der Stadt ganze zehn, Doktors und Direktors von der Fabrik hatten so ein knatterndes Etwas. Sonst fuhr man mit der Gig oder 'ner Kutsche oder einfach auf dem Bock vom Milchwagen mit, wenn man nicht zu Fuß ging oder mit dem Rad fuhr. „Du, Hannesdoktor kommt", rief Rudi, „der große Braune hat sich gestern abend am Stacheldraht was aufgerissen." Die Kinder rannten zum Hof und guckten zu, wie der Tierarzt dem großen Schleswiger den Fellriß nähte. „Meist as Muttern min Büx!", meinte der Kleine, wie der Doktor da mit Nadel und Faden hantierte, und Bauer Simon das Pferd mit starker Hand und Nasenbremse hielt.

Der Tierarzt sollte noch gleich die Schweine impfen, das war eher langweilig. Und im Auto saß ein kleines Mädchen, das Töchterchen durfte sonntags mit auf Praxis fahren. Und nun waren da Jungen, nicht gar so viel älter wie die Blondbezopfte im duftigen Sommerkleidchen. „Wat söt", meinten die beiden größeren Jungen, der Kleinere nahm den Gast kaum zur Kenntnis, als der mitspielen wollte. „Na komm schon, auf der hinteren Weide sind kleine Lämmer", meinte Rudi und ging voran. Als sie am breiten Graben standen, waren die beiden Bauernkinder ohne zu verhalten schon drüben. Der Stadtjunge guckte zu den blonden Zöpfen rüber, sah den Schrecken in den blauen Mädchenaugen; wollte die etwa weinen? Das fehlte noch. Stolz verkündete er, so ein Brett sei sicherer als die breite Brücke über die Au in der Stadt, man müsse nur zugehen. Aber vor 'ner Stunde hatte er doch selbst noch entsetzliche Angst gehabt. „Ich halte dich!" Und nun war er sich ganz sicher. Und da blitzte soviel Vertrauen aus den Mädchenäuglein auf, daß er sich direkt erwachsen vorkam. Immerhin drei Jahre sind viel, wenn die Ausgangsbasis bei fünf liegt. Die kleine Hand in der nicht ganz sauberen Jungenpfote hörte schnell zu zittern auf. Schritt für Schritt, er rückwärts, sie zögernd vorwärts, an beiden Händen gehalten, wurde der Graben überschritten. Daß diese Überquerung sein Rubikon sein würde, konnte der Stadtjunge als Gast auf dem Marschhof nicht ahnen. Das wurde ihm erst richtig klar, als er kurz vor der goldenen Hochzeit seine Frau fragte, ob ihr eigentlich klar sei, daß es mit dem schmalen Brett eigentlich angefangen hätte. Sie lächelte versonnen. „Damals ganz bestimmt nicht." Aber irgendwo im Unterbewußten sei etwas geblieben von dem Kindheitserlebnis mit dem breiten Graben. Nur die Umwege waren weit und wir haben viel Zeit gebraucht bis zur Einsicht, die dies kleine Mädchen schon damals hatte, daß es ohne die große Bubenhand oft nicht zu schaffen gewesen wäre, all die breiten und tiefen Gräben zu überwinden, die sich in der Zwischenzeit auf dem gemeinsamen Lebensweg auftun sollten. Und er wiederum meinte, ohne ihr Vertrauen hätte er oft genug weder Mut noch Sicherheit gehabt, unbeschadet über so manchen schmalen Steg voranzukommen.

Düstere Wolken ziehen auf

Die große Weltwirtschaftskrise sollte das kleine Marschenstädtchen mit voller Wucht treffen, es in ein selbst für damalige Zeiten ungewöhnliches Elendsgebiet verwandeln: Auch die zweite Lederfabrik mußte den größeren Teil ihrer Belegschaft entlassen. Zusätzlich wurde auch die zweite Basis ihres Wohlstands erschüttert, die Landwirtschaft. Die Marschbauern hatten als Ergänzung zur traditionellen Milchwirtschaft sich auf die Schweinemast unter Ausnutzung ihrer besonderen Lage umgestellt: Man konnte zu einmaligen Transportbedingungen direkt vom Übersee-Frachter im Hamburger Hafen zur heimischen Mühle kanadische Gerste schaffen, die zunächst zollfrei bezogen wurde. Dann sorgten die ostpreußischen Gutsbesitzer in Berlin durch Präsidentensohn Hindenburg dafür, daß der unfairen Konkurrenz durch eine Osthilfe-Regelung ein Ende bereitet wurde, was für die küstennahen Schweinemäster eine Katastrophe bedeutete und – was weitgehend unbeachtet blieb – dem bis dato überwiegend auf Bayern konzentrierten Hitler-Anhang eine zweite Basis im Marschengürtel des Nordens verschaffte.

Die zusätzlichen Stallbauten für jeweils einige hundert Mastiere, größtenteils ebenso wie die Futtergerste auf Wechsel finanziert, konnten beim Zusammenbruch der Schweinemärkte nicht bezahlt werden, ebenso wenig die Steuern. An allem aber war „das System" schuld, und keineswegs hatte die Fehlspekulation mit allem etwas zu tun. Der Dithmarscher Bauernführer Klaus Heim scharte aufsässige Bauern um sich, und die Brüder von Salomon gaben an unserem Schulort Itzehoe ihre Bauernzeitung heraus. Da brachte ich meine ersten Zeitungsmeldungen unter, daß am frühen Morgen mal wieder bei der Wilster Kirche zirka 50 Marschbauern mit soliden Eichenstöcken bewaffnet, auf einen Lastwagen stiegen, um irgendwo im Kreis Steinburg die Zwangsversteigerung eines Kollegenhofes gewaltsam zu verhindern.

Wenn am Versteigerungstermin in Kompaniestärke Jungbauern aufmarschierten und drohend skandierten: „Wer hier makt een Gebot, de is doot", dann verzogen sich Auktionator und Schutzbegleitung fluchtartig, ein Spiel, das sich mehrfach wiederholen konnte, bis eine Seite entnervt aufgab. Im ganzen Reich bekannt wurde das Abenteuer jenes Gerichtsvollziehers, der im Kirchdorf Beidenfleth von seinem Opfer in die Flucht geschlagen wurde, der einen Bullen auf ihn hetzte. Die Amtsperson landete im Graben und trug außer dem Schaden auch noch den Spott der Nation davon. Als die Wilstermarsch-Buben auf dem ersten Reichsparteitag in Nürnberg Nachbarn von bayerischen Jungbauern wurden, fragte man sie, „Wo kommscht dann her?", da antworteten sie „Aus Beidenfleth". Das kannte jeder deutsche Bauer. Und die Antwort: „Bischt aus Beidenfleth, kriagst a Mass." Ihr Bierfaß hatten die Bayern sorgfältig in ihrem Zelt getarnt.

Unvergessen ist jener Morgen, an dem vor dem Itzehoer Bahnhof Sicherheitspolizisten uns den Durchgang zur Schule versperrten, weil auf der Straße die Steinbrocken lagen, die eine Bauernbombe aus dem Itzehoer Landratsamt herausgesprengt hatte. Ernst von Salomons Buch: „Bauern, Bonzen, Bombenleger" hat als Fernsehfilm diesen Bauernaufstand auch der Nachkriegsgeneration noch einmal in Erinnerung gebracht. Eines wurde unübersehbar, nirgends außerhalb Bayerns gab es später so viele Träger des goldenen Parteiabzeichens der Hitler-Anhänger mit der Mitgliedsnummer unter Hunderttausend wie an der Holsteiner Westküste. In Itzehoe erschien dann auch die erste NS-Zeitung außerhalb Münchens neben dem für das Reichsgebiet gedruckten „Völkischen Beobachter". Das Positive dieser Entwicklung mit der Steinburg-Dithmarscher frühen Exklave der Hitler-Partei: Man mußte in München und Berlin später zumindest im Anfang Rücksicht üben, das machte viele der anderswo üblichen Exzesse der „Machtübernahme" vielleicht erträglicher. Die Gauführung in Kiel konnte auch in Berlin einiges verhindern. Nicht zuletzt mit Hinweis auf die Goldnadelträger an der Küste. Aber zuvor wuchs die allgemeine Not und mit ihr die Radikalisierung immer stärker. Es gab keine Industrie-Arbeitsplätze und eine in absoluter Existenznot befindliche

Landwirtschaft. Hinzu kam, daß im nahen Hamburg-Altona das Elend beim totalen Zusammenbruch der Werft-Industrie und der Seefahrt sich zunehmend mit blutigen Auseinandersetzungen zwischen Braun und Rot Luft machte. Der „Altonaer Blutsonntag", herausragendes Fanal eines drohenden Bürgerkriegs, gehört zur deutschen Vorkriegsgeschichte. Und aus der Elbmarsch war man auf beiden Seiten beteiligt. Aber selbst im flachen Land gab es eine ganze Reihe politischer Morde. In Itzehoe versuchte ein starkes Kontingent preußischer Sicherheitspolizei die Ordnung zu garantieren. Selbst wir sollten auf dem Schulweg höchstens zu dritt nebeneinander gehen. Auch hoch zu Roß wurde mit der flachen Klinge gedroht.

Ein Zentrum des Elends

Die lange Arbeitslosigkeit von weit über der Hälfte der Bevölkerung unseres Städtchens führte zu immer größeren Notsituationen, zur Verzweiflung, die besonders jene traf, die weniger gewitzt vergeblich nach Auswegen suchten. Wo die einen die Hände in den Schoß legten, die Männer nur eine Lösung fanden, das Vergessen bei billigstem Schnaps, wußten andere sich und ihrer Familie eher zu helfen. Bei den kleinen Häuschen entlang der Aue, mit ihren noch kleineren Hofflächen am Ufer, türmten sich Margarinekisten mit Maschen-Drahtgitter, dahinter möglichst große Kaninchen. Bei Dunkelheit machten sich die Väter mit Sack und Sichel mit dem Fahrrad auf den Weg, entlang dessen Rand die Grabenböschung für Grasfutter sorgte. Daß man dabei auch die Wiese des Bauern fand, wo das Gras besser war, daß gelegentlich ein Kohlkopf oder eine Rübe im Sack landete, störte eigentlich niemand. Man wußte ja wozu. Und in diesen Familien war jedenfalls sonntags ein Braten gesichert, Kartoffeln und Gemüse lieferte der Schrebergarten. Und meistens war in diesen Familien auch die Hausfrau geschickt mit Nadel und Faden, so daß die Kinder trotz allen Elends sauber gekleidet blieben. Andere wußten sich weniger zu helfen, und man sah es zunehmend in den Straßen. Im Winter 1932/33 zeigte sich ein Elendsstädtchen der schlimmsten Art, vor allem in den Fabrikstraßen. Wir mochten kaum zeigen, daß es uns zwar nicht gut, aber immerhin bedeutend besser ging. Brünings Notverordnung ließen Vaters Einkommen ungewöhnlich schrumpfen. Zu der zweimaligen Kürzung kam der Wegfall des „Doppelverdienertums", denn Vater hatte zusätzlich zur Volksschule noch für ein vergleichsweise geringes Zusatzeinkommen die Leitung der Berufsschule übernommen, um so den beiden Ältesten das Studium zu ermöglichen.

Die zweite Schwester, die wenig Neigung zum Lyzeum verspürt hatte, bekam zum Glück eine nichtbezahlte Stelle als Verwaltungslehrling im Rathaus. Der zweite Sohn durfte sich seinen Lieblingswunsch erfüllen und zur See gehen.

Aber auch da gab es größte Schwierigkeiten. Wer als Kapitäns-Aspirant seine Schiffsjungenzeit „vor dem Mast" absolvieren sollte, für den gab es „Lehrstellen" eigentlich nur bei den letzten Segelschiff-Reedereien Laitz und Vinnen, deren Getreide-Segler noch die Kap-Horn-Route fuhren. Aber die forderten dafür einen Tausender „Lehrgeld" von den „Dusendmarksjungen". Und abgesehen davon, daß diese Summe kaum noch in der väterlichen Kasse war, lehnte Bruder Rudolf kategorisch ab. Er wußte nur zu gut, wie die „feinen Pinkels" der Seefahrt durch die echten „Muschkoten" traktiert wurden. Mit List und Tücke bekam er eine Lehrstelle auf einer holländischen Tschalk, praktisch ein „Kümo" (Küsten-Motorschiff ohne Motor) mit entsprechend harter Arbeit.

Als der kleine Bruder bekam der Tertianer natürlich alles mit, was zu den leidigen Themen in der Familie, aber auch in der Umgebung des Rektorhauses an besorgten Diskussionen stattfand. Rektor Lindschau war einer der wenigen im Städtchen, der eine hauptstädtische Zeitung aus Berlin kommen ließ und regelmäßig wechselte zwischen Tagblatt, Deutscher Allgemeiner, Vossischer und später als Beamter zwangsläufig dem Völkischen Beobachter. Auch der Unterschied zwischen Elternhaus und Nachbarhäusern, in denen die Arbeitslosigkeit auf alle lähmend wirkte, wurde dadurch noch vertieft, daß ich gelegentlich bei Schulkameraden in Itzehoe zu Gast war, deren Väter zu den „besser Verdienenden" zählten. Schließlich kostete das Gymnasium teures Schulgeld, das ich zunächst nicht zahlen brauchte, weil ich der vierte Gymnasiast in der Familie und damit frei war, später die Freistelle bestätigt bekam, indem Vater das jeweilige erfreuliche Versetzungszeugnis vorlegte. Von Bafög ohne Leistungsnachweis konnte keine Rede sein. Immerhin konnte ich mit den Erwachsenen bereits diskutieren, wußte wer Thälmann war, wer Hindenburg und Hitler, Dingeldei von den Liberalen, Hugenberg und all die anderen Größen, deren Bilder auf den Wahlplakaten Wände und Bäume „schmückten". Vermutlich hat sich mancher von meinen Gesprächspartnern über den jungen „Klugscheißer" je nachdem gewundert oder geärgert.

Nur Bäckermeister Konrad Pächer – er hatte die besten Brötchen in der Stadt, vier Stück zum Groschen – meinte: „Heine, das wird nicht eher besser, bis du Kanzler wirst." Aber nicht mal ich konnte das ernst nehmen, hielt es aber für ein Kompliment. Inzwischen wuchs sich die Krise im Städtchen zur allgemeinen Hoffnungslosigkeit aus. Die einen schlossen sich der „Roten Marine" in Brunsbüttelkoog an, einem fanatischen Haufen, dem man viel Böses nachsagte, die anderen zogen die braunen Hemden der SA an und die ganz Großen und Starken bildeten den berüchtigten SS-Sturm- bann „Elbmarschen", dessen „Schlagfertigkeit" bis weit ins Niedersächsische je nachdem gerühmt oder gefürchtet wurde. Alle über 1,80 Meter und kaum einer unter Halbschwergewicht. Zwischen den Fronten das Reichsbanner, ebenfalls uniformiert, aber weniger in Erscheinung tretend. Wer kein Hakenkreuz trug, hatte das Zeichen der „Eisernen Front". Zum Glück fanden die Schlägereien vor allem in Itzehoe und natürlich in Hamburg statt. Im Städtchen trank man durchaus an der Theke nochmal gemeinsam Köm und Bier.

Schlimm waren nur die vielen Wahlen, und da Vater als Magistratsherr einer überparteilichen Bürgerliste stets im größten Stadtbezirk Wahlvorsteher war, gab es bei Mutter mancherlei geheime Ängste, denn zunehmend konnten Wahllokale und Wahlurnen nur unter kräftigem Polizeischutz ihren Zweck erfüllen. In einigen Orten der Provinz hatte es mehrfach Ärger und Blessuren gegeben. Wir meinten aber, unser Vater sei durch sein ungewöhnliches persönliches Ansehen in der Stadt vor solchen Unannehmlichkeiten oder gar Gefahren geschützt. Und das hat wohl zugetroffen.

Von den politischen Krisen 1932 konnte man sich in der Provinz kaum eine richtige Vorstellung machen. Die Informationen der Lokalpresse waren mehr als dürftig. Was die Parteien durch ihre Versammlungsredner verkündeten, war so verzerrt, daß man wenig Glauben hatte. Auch der Rundfunk, das neue Medium, war noch nicht richtig in die Provinz vorgedrungen. Wer hatte schon ein teures Radio, junge „Technik-Freaks" besaßen vielleicht einen Detektor, aber, was der brachte, war noch dürftiger als die Informationsbreite der Lokalzeitung. Noch klingt mir da im Ohr, was mein Vater sagte, als er am 30. 1. 1933 – ich hatte gerade eine äußerst schwere Grippekrise überstanden – mir am Bett zurief: „In Berlin ist was los, Hunderttausende ziehen mit Fackeln durchs Brandenburger Tor, Hitler soll Reichskanzler sein – was wird das bringen?"

Trotz aller Skepsis überwog in der Stimmung des Städtchens die Hoffnung. Zu deprimierend waren die letzten Monate ohne Aussicht auf Arbeit in den Fabriken, immer die Angst, daß die Gewalttaten in Altona und Hamburg auf die Provinz übergreifen würden. Immer wieder gab es Gerüchte von neuen Bombenattentaten, Straßenschlachten und Toten und Verwundeten. Hinzu kam die Angst, daß die Stempelstellen bald nicht mehr zahlen könnten und auch fraglich würde, wie lange die Beamten noch ihr gekürztes Gehalt bekamen. Dann gab es in den Bürgerhäusern die tägliche Belästigung durch Bettler und Hausierer, die sich vielfach die Klinke in die Hand gaben. Bedrückend die allgemeine Verrohung all derer, die keine Hoffnung sahen, jemals wieder Arbeit und Brot zu bekommen, nicht zuletzt die Furcht, daß russischer Kommunismus dem „Reich" gleiches Elend bringen würde, gleiche Gewalttätigkeit, wie sie nicht zuletzt durch heimkehrende Seeleute berichtet wurde. Wer die Wochen nach dem Berliner Fackelzug einschätzen will, und das, worin sie schließlich mündeten, einigermaßen sachlich würdigen will, muß versuchen, sich in jene Wochen des Notwinters 32/33 zu versetzen. Für den Jungen aus dem Rektorhaus sollten die Beobachtungen und die ersten Versuche kritischer Analyse prägend für sein eigenes Leben werden. Er bekam zum ersten Mal nüchternen Einblick in Realitäten, wie sie einem Jungen in seinem Alter sonst kaum geboten wurden. Er sollte seinem Vater helfen, dem man wohl die schwerste Aufgabe in einem der schlimmsten Notstandsgebiete jener Zeit nur deshalb anvertraute, weil man glaubte, daß der am ehesten das dazu notwendige Vertrauen derer hätte, deren Not man in der schwersten Krise wenden mußte. Zu welchem Ende auch immer . . .

„Der Rektor wird es schon schaffen"

Eines Tages meldete sich der Ortsgruppenleiter zu einem Besuch bei meinem Vater an. Dieser war seit Jahren Mitglied des Stadtrates, gewählt von einer überparteilichen Bürgerliste und zugleich Magistratsherr für den kulturellen und sozialen Bereich. Als Vorsitzender des Bundes der Kinderreichen hatte er sich schon lange nachhaltig engagiert und großes Ansehen gewonnen. Zur örtlichen NSDAP bestand ein keineswegs spannungsfreies, distanziertes Verhältnis. Auch deren prominentestes Mitglied, dem Kollegen und persönlichen Freund Dietrich Klagges war es nicht gelungen, meinen Vater für die Hitlerpartei anzuwerben, ehe er als Ministerpräsident des damaligen Landes Braunschweig zum ersten Regierungschef der NSDAP in einem Land der Weimarer Republik wurde. Der Ortsgruppenleiter, nach der „Machtübernahme" der eigentliche Herrscher in der Stadt, wußte, was er wollte: Er mußte einen Mann für den schwierigsten Posten finden, den es in der Elendstadt mit dem höchsten Arbeitslosenanteil in der Provinz geben konnte; den Leiter des örtlichen Winterhilfswerks, das man soeben in der „Hauptstadt der Bewegung" München ins Leben gerufen hatte. Es mußte eine Respektsperson von untadeligem Ruf sein. Schließlich würde es um viel Geld, vor allem aber um viele berechtigte Ansprüche vieler Menschen gehen, deren Erwartungen selbst im günstigsten Fall keineswegs alle befriedigt werden könnten. „Der Rektor wird's schon schaffen", sagte man sich in der Ortsgruppenleitung. Ihm aber blieb nichts anderes übrig, als den Auftrag anzunehmen, auch wenn er kein Parteimitglied war. Was dabei an Arbeit auf ihn zukommen würde, konnte man kaum ahnen. Für den 16-jährigen Sohn fiel eine quasi „Adjutanten"-Rolle dabei ab. Ansonsten war bewundernswert, wieviel freiwillige Helfer ohne jedes Entgelt mitmachen würden. Zunächst aber galt es, eine Eröffnungsbilanz zu fertigen. Die großen Ferien entfielen für den Sekundaner. Statt sich am Elbdeich zu aalen, durfte er den neuen „Funktionär" als Protokollant begleiten und auf den Karteikarten der künftigen „Kunden" eines im Entstehen begriffenen Supermarktes ohne Vorbild deren jeweiligen Status und allerdringendsten Bedarf notieren. Der aber war erschreckend: Da fehlte einer jungen fünfköpfigen Familie, deren Ernährer kurz nach der Geburt des Stammhalters den Arbeitsplatz verloren hatte, buchstäblich fast alles, was eigentlich Mindestausstattung sein sollte: Die zweite Unterwäschegarnitur als unverzichtbare Reserve für den Waschtag ebenso wie die Bettwäsche für die (noch) nicht vorhandenen Kinderbetten. Die Kleinen schliefen quer im zweiten Ehebett. Wenn die junge Mutter die Hosen flickte, mußte das Kind im Bett bleiben. Man spürte überall, daß bei langjährigen Arbeitslosen immer wieder das Geld kaum zum Leben reichte, aber gänzlich zu den dringendsten Ersatzbeschaffungen fehlte. Bei Besuchen in den Nachbarhäusern hatte ich längst erfahren müssen, wie groß der Unterschied zwischen dem vergleichsweise bescheidenen Standard der kinderreichen Beamtenfamilie und dem ihrer Nachbarn war, auch wenn die vom zweiten Bruder geerbte Bleyle-Hose zweimal im Bereich Gesäß und Knie in der Fabrik nachgestrickt wurde. Wieviele Kinder buchstäblich in Lumpen herumliefen und bei naßkaltem Wetter jämmerlich froren, hatte ich nicht bemerkt. Eine Erkenntnis aber gab es: Auch bei gleichen Voraussetzungen gab es beträchtliche Unterschiede. Da waren die einen, deren Umstände am ehesten jenen glichen, die ein Charles Dickens so plastisch als typisch für Londons Arme beschrieben hat, und es gab die andern, die auch aus dem fast totalen Nichts noch etwas zu machen wußten. Meist dann, wenn die Frau und Mutter statt zu resignieren es verstand, fast „Unmögliches" möglich zu machen. Und da gab es wahre Meisterinnen, welche die totale Proletarisierung mit Erfindungsgabe und Geschick abzuwenden verstanden. Die Bilanz unserer Erfassungstour durch den erweiterten Stadtbereich: Von rund 5.000 Einwohnern in 1.200 Haushalten galt fast jeder zweite Haushalt als hilfsbedürftig und damit als Anwärter auf eine Betreuung durch das im Aufbau befindliche WHW. Die Bedarfsliste hatte als ersten Schwerpunkt die Beschaffung von

Heizmaterial, dann von warmer Kleidung und schließlich alledem, was der, wie uns schien, etwas großmäulige WHW-Werbespruch lauthals verkündete: „Niemand soll hungern und frieren." Wie sollte das möglich sein? Zwar war unser Städtchen mit dem völligen Wegfall aller industriellen Arbeitsplätze ein Sonderfall, aber andere Orte, etwa die Großstädte Hamburg und Kiel, wo alle Werften geschlossen hatten, brachten ganz andere Zahlen in die Elendsbilanz. Mußte da nicht ein Wunder geschehen? . . . und „das Wunder" geschah. Pünktlich vor Eintritt der Kälte trafen die Gutscheine ein, mit denen die WHW-Schützlinge ihre Winterfeuerung bekamen, auch der Stoff für die fehlende Bettwäsche wurde geliefert und nach und nach bis zum Weihnachtsfest war das Allernötigste verteilt. Die Frauengruppe der Partei half beim Nähen von Hemden und Unterhosen und gab Anleitung zum Stricken der gleichfalls gelieferten Wolle. Und nicht zuletzt gab es immer wieder Zuteilungen von Nahrungsmitteln zur Ausgabe und erstaunlich wenig Ärger. Es wollte keiner in den Ruf kommen, unverschämt oder undankbar zu sein, selbst als notorisch bekannte Stänkerer hielten sich erstaunlich zurück. War es die Furcht, von Lieferungen ausgeschlossen zu werden oder gar Angst, als „Volksschädling" nach Neuengamme gebracht zu werden? Über das „Lager" wurde geflüstert, aber die angeblich drei Mitbürger, die genannt wurden, sah man wenige Wochen später friedlich durchs Städtchen gehen, nur merkwürdig schweigsam. Im übrigen ging die Spekulation auf: Die Gesamtleitung durch den allseits anerkannten Rektor, dessen Gerechtigkeitssinn den meisten aus Schülertagen bekannt war, hatte vorweg eine Vertrauensbasis geschaffen. Unvergeßlich der Ausgang des einzigen Zwischenfalls, dessen Zeuge ich wurde. Es war ein Vormittag in der Zeit der Weihnachtsferien. Drei Fässer Salzheringe waren zur Verteilung gekommen und sollten wie üblich auf dem langgestreckten Hofplatz eines seit langem geschlossenen Haushaltsgeschäfts, dessen Lagerhalle vom WHW benutzt wurde, ausgegeben werden. Die Leiterin der Verteilung rief an, daß es großen Krach und Drängelei gäbe und die Alten und Frauen beiseite gedrückt würden. „Das gibt noch Mord und Totschlag, soll ich die Polizei rufen?" Mein Vater beruhigte sie, so schlimm werde es wohl nicht sein, er werde gleich kommen und nach dem Rechten sehen. In wenigen Minuten waren wir an Ort und Stelle. Ein kurzer, aber unüberhörbarer Ruf: „Alle mal herhören! So geht das nicht! Erstmal: Es sind genug Heringe für alle da. Und dann: Schon in der Bibel steht geschrieben, die ersten sollen die letzten sein. Alle drehen sich um an ihrem Platz, die Fässer werden nach vorn gerollt und die Ausgabe beginnt. Wenn einer nicht mitmachen will, kann er nach Hause gehen und braucht nicht wieder zu kommen. Alles klar?" Die eben noch tobende Menge fühlte sich wohl auf den Schulhof ihrer Kinderzeit versetzt, wenn es hieß, nach Pausenschluß und Toberei fein ordentlich in Gruppen die Klassenzimmer aufzusuchen. Nie habe ich meinen Vater mehr bewundert, denn der Sekundaner hatte auf dem Weg dahin etwas ängstlich überlegt, was er wohl ausrichten könnte, wenn die Meute außer Kontrolle geraten würde und die beiden Stadtpolizisten genau so hilflos sein würden wie bei anderen Gelegenheiten. Es war kaum nachvollziehbar, wie sich das Bild wandelte. Noch lange waren für die Mehrzahl der Betreuten die Sachleistungen und Gutscheine des WHW unverzichtbare Grundlage eines halbwegs erträglichen Lebens, war auch das vielverlästerte „Eintopfessen" mit anschließender Spende eine Selbstverständlichkeit. Im übrigen verlief das Leben in der Kleinstadt ohne große Aufregungen. Die Menschen gewöhnten sich an manche Absonderlichkeit, über die man hinter vorgehaltener Hand „meckerte", ohne sich aufzuregen. Die Zahl der Erwerbslosen und damit die Zahl der zu Betreuenden schrumpfte langsam aber unübersehbar. Immer mehr junge Männer verließen die Elendsquartiere, weil sie in Kiel und Hamburg Arbeit fanden. Daß es vor allem die Werften waren, die sich auf die bevorstehende Wiederaufrüstung einer neuen „Kriegsmarine" einrichteten, flüsterte man sich gegenseitig zu, es war aber „Staatsgeheimnis". Auch mancher stolze Jüngling reiste ab, ohne zu sagen wohin. Daß aus der Marsch

besonders viele zu einer Spezialtruppe, den „Totenkopfver-
bänden" gingen, deren erster Einsatz in Neuengamme später
traurige Berühmtheit erreichen sollte, erfuhr man höchstens
nebenbei. Dafür hörte man um so mehr von den „Moorsolda-
ten", aus denen dann der Reichsarbeitsdienst entstand. An
den Straßenecken waren die herumlungernden jungen Arbeitslosen zunehmend verschwunden. Im übrigen war nicht
zu übersehen, daß „es uns besser ging". Wer dachte schon
daran, was sich im Unter- und Hintergrund alles entwickelte,
während er sich zum ersten richtigen Urlaub seines Lebens
mit „Kraft durch Freude" rüstete. Warum sollte der einfache
Mann sich um die Hintergründe einer Entwicklung Sorge
machen, vor die eine raffinierte Propaganda eine so stolze
Fassade mit geradezu unheimlichem Geschick zu errichten
verstand. Dabei konnte jener Witz zu denken geben, mit dem
man den Superstar von Propaganda bedachte: „Wenn ein
amerikanischer Konzern den Hinkefuß (Göbbels) nach Grön-
land schicken würde, der würde sogar den Eskimos Kühl-
schränke verkaufen." Überhaupt die Witze hatten Hochkon-
junktur, und auch das schien eingeplant. In den seltensten
Fällen passierte etwas, wenn jemand am Stammtisch all zu
offen war. Das sollte sich erst sehr viel später um so gründ-
licher ändern. Der inzwischen in die Oberstufe der „Kaiser-
Karl-Schule" vorgerückte Gymnasiast hatte wenig Schwierigkeiten, sein Pensum zu erledigen. Dafür errang er stolze
Erfolge als Nachhilfelehrer für die Unter- und Mittelstufe,
vor allem war der bis dahin stets schwindsüchtige Geldbeutel
zunehmend prall gefüllt. Für alle Schulkameraden war es,
ohne daß dabei Zwang angewandt wurde, selbstverständlich,
daß sie die Wandertracht der „völkischen" Jugendgruppen
gegen das Braunhemd der Hitlerjugend eintauschten. Das
bündische Lagerleben der Wandervögel und Pfadfinder wandelte sich beinahe unauffällig zur neuen Abenteuerromantik
von „Wehrsportlagern" um, die Landsknechtstrommeln und
Fanfaren hatten ebenso unauffällig ihr, heute würde man
sagen „Outfit" verändert, in den „Zupfgeigenhansel" hatten
sich immer mehr Landsknecht- und Soldatenlieder einge-

schlichen. Da auch die Unterführer zu einem guten Teil mit anderen „Dienstgraden" sich eingereiht hatten, viele alte Begriffe sich nur allmählich mit neuen Inhalten füllten, wurde der Wandel den meisten kaum bewußt. Im protestantischen Norden erfolgte die „Gleichschaltung" ohne spektakuläre Zwischenfälle. Alles schien beinahe ganz natürlich, und man war zunehmend stolz darauf, daß aus der Nation der Verlierer des ersten Weltkrieges wieder ein international angesehenes Volk wurde, wie die zunehmenden, stark herausgestellten Besuche der Großen der Weltpolitik beim „Führer und Reichskanzler" in der sich zunehmend herausputzenden „Reichshauptstadt" unübersehbar dokumentierten. Auch ohne daß sich an den Lehrplänen der Schulen viel änderte, veränderte sich mehr als den jungen Menschen bewußt wurde. Sie hatten die Agonie einer demokratischen Staatsordnung erlebt und erlitten, deren Repräsentanten in der Schlußphase wenig zu überzeugen vermochten, deren Verfall sich vor ihren Augen in Straßenkämpfen und Saalschlachten der ständigen Wahlkämpfe all zu offenbar wurde. Und daß sie bei vermehrtem Anteil der schulischen „Leibeserziehung" und den Wehrsportlagern ganz nebenbei Grundvoraussetzungen für einen zunächst unvorstellbaren „Ernstfall" erwarben, war den wenigsten voll bewußt. Wie stand doch im Eingang der Schule so schön das Idealbild eines deutschen Jungen: „Flink wie die Windhunde, zäh wie Büffelleder und hart wie Kruppstahl". (Von „Bodybuilding" sollte erst später die Rede sein.)

... will **Journalist** werden

Es ging unserer Abiturientengeneration nicht viel anders als den heutigen Oberstufenschülern: Allzu gern wurde die Entscheidung für den Lebensberuf bis zur vorletzten Minute verschoben. Für einen guten Teil von ihnen schien trotz aller schwierigen Nachkriegsjahre der künftige Lebensweg vorgezeichnet: Man wollte die Firma des Vaters und Großvaters in eine bessere Zukunft weiterführen, die Praxis des Medizinervaters einmal übernehmen und natürlich viel moderner gestalten. Wo gar eine mit generationslanger Notarstradition verbundene Anwaltspraxis wartete, gab es auch kaum Zweifel. Immerhin die Hälfte von uns stand im Gegensatz zu heute in der Generationsfolge einer gehobenen Mittelschicht. Und natürlich gab es auch ein paar Rebellen gegen Vätervorstellungen, die „abenteuerliche" Pläne hatten. Die Mehrzahl überlegte akademische Laufbahnen, und einige wollten mit oder ohne väterliche Tradition die in der allgemeinen Achtung wieder hoch notierte Offizierslaufbahn der wieder erstehenden Wehrmacht am liebsten – schon der schmucken Uniform willen in der Marine – ergreifen. Das war zu Ostern 1936, unserem Abiturstermin, hoch aktuell.

Ich selbst schwankte zwischen der eher prosaischen Laufbahn eines Juristen oder Wirtschaftlers. Die Heirat meiner zweiten Schwester mit einem international renommierten dänischen Journalisten und eine Reihe von erfolgreichen Veröffentlichungsversuchen mit lyrischen Gedichten und Kurzgeschichten weckten Träume einer schriftstellerischen Zukunft. Da schien eine Lektorenlaufbahn beinahe als erfüllbarer Traum. Eine Bewerbungsanfrage bei dem bekannten Verlag Langen-Müller in München ermunterte zu ernsthafteren Überlegungen. Man meinte aber, daß als Basis ein norddeutscher Verlag für mich geeigneter wäre. Auf alle Fälle empfahl man ein einschlägiges Studium. Und da lag die Schwierigkeit. Die Kosten eines Studiums – von Bafög war damals nirgends die Rede – war der Familie nicht zumutbar, ehe der älteste Bruder das teure Medizinstudium abgeschlossen hatte.

Eine Überbrückung durch Vorziehen der Militärzeit klappte nicht, mein Jahrgang war noch nicht gefragt. So hatte ich bis zuletzt gezögert, und dann war plötzlich der Abiturstermin da, bei der Angabe des erwünschten Berufes stand dann kurz entschlossen und richtungsweisend: „Lindschau will Journalist werden."

Alles sollte dann schnell gehen. In Schleswig-Holstein bot sich eine zwar kleine aber traditionsreiche Zeitung an: die „Schleswiger Nachrichten". In ihr hatte einst sogar einmal – allerdings als Drei-Punkte-Anonymus – der damals preußische Ministerpräsident Bismarck Kommentare zur diplomatischen und danach militärischen Auseinandersetzung mit dem Königreich Dänemark geschrieben. Die Verlegerin Marie Johannsen, eine ebenso zierliche wie energische alte Dame, lebte in dieser Tradition. Sie schätzte es besonders, daß der vorgesehene Volontär einer echten nordschleswigschen Familie entstammte, die als Folge der Abtrennung des Landesteils nach Versailles, zerrissen worden war. Ich hatte dadurch niemals meinen Großvater auf der Insel Alsen besuchen können. Dazu bedurfte es eines gesonderten Passes und eines Visums. Nur mein Vater, der nach der Abtrennung als preußischer Lehrer für Deutschland optiert hatte, besaß eine Dauergenehmigung.

Schleswig, die Garnison- und Behördenstadt am Fuß der tief ins Land hineinreichenden Schlei, bot mehr als eine normale Kreisstadt mittlerer Größe. Sie trug besonders durch das renommierte Landestheater wesentlich zum kulturellen Leben zwischen Nord- und Ostsee bei, was der kleinen Zeitung zusätzliche Bedeutung gab. Chefredakteur Dr. Fritz Michel war ein im Norden angesehener Journalist, der auch als Lyriker renommiert war. Nicht zuletzt dadurch empfing der junge Volontär eher mehr Anregungen als bei einer größeren Zeitung und konnte sich nach Ende des Volontariats auf der Reichspresseschule in der Konkurrenz mit anderen Kollegen, die viel bessere Voraussetzungen in der Ausbildungszeit hatten, in der Spitzengruppe seines Lehrgangs halten.

Trotz vieler Vorbehalte war dieses Prüfungs- und Weiterbildungsorgan für die „Schriftleiter" der deutschen Presse ein keineswegs nur negativ bewertetes Instrument in einem äußerst krisenhaften Zeitabschnitt einer permanent mißbrauchten „gleichgeschalteten" deutschen Presse. Entgegen manchen Bedenken des nach Berlin geschickten Nachwuchses der Redaktionen aus allen Teilen des „Deutschen Reiches" besaß hier das Handwerkliche seltsamerweise Vorrang vor der politischen Indoktrinierung. Unter dem knappen Viertel unseres Lehrgangs, das vorzeitig nach Hause geschickt wurde, war kein Fall von politisch begründeter Ablehnung der Aufnahme in die sogenannte „Schriftleiterliste", sondern nur menschliches oder sachliches Versagen.

Nach knapp vier streßreichen Monaten, in denen die immer noch vorhandenen Verlockungen der Weltstadt Berlin einen Ausgleich für die Belastungen einer andauernden Mischung von Lehr- und Prüfveranstaltungen boten, war das Abschlußzertifikat das schönste Weihnachtsgeschenk. Hinzu kam, daß der Ausbildungs-Chefredakteur von Schleswig seinen ehemaligen Volontär in die inzwischen von ihm übernommene wesentlich größere Redaktion der auf Provinzbasis erscheinenden „Nordischen Rundschau" als verantwortlichen Provinzredakteur holte. Besonders reizvoll war es, daß man dem „Bauernredakteur" noch die besonders interessante redaktionelle Betreuung der in der „Reichsmarinestadt" Kiel konzentrierten Kriegsflotte und der Werften anvertraute.

Ein unvergeßlicher Höhepunkt war damals die mit dem Auftakt zur Kieler Woche 1938 verbundene erste und einzige Flottenparade zwischen den beiden Weltkriegen. Ungarns Staatschef Admiral Horthy nahm sie mit der deutschen Reichsführung ab. Wir jüngeren Teilnehmer des internationalen Pressekorps bewunderten die stolze Armada mit den an Deck und in den Rahen aufgebauten Matrosen im blauweißen „Parade-Päckchen". Vor allem erweckten die ersten neuen „Dickschiffe" der wieder erstandenen Kriegsmarine einen durchaus verständlichen Nationalstolz. Um so mehr fiel mir an meiner Seite ein ergrauter Berliner Kollege auf, in dessen

„Tirpitz-Gedächtnisbart" unablässig dicke Tränen rollten. Darum erlaubte ich mir, ihn, den Marinekorrespondenten der Berliner Börsenzeitung, der man eine historische Bedeutung als Organ der Marine von Kaiser- bis Führerzeiten nachsagte, anzusprechen. Seine Antwort kam mir immer wieder ins Gedächtnis, wenn später der OKW Berichte schmerzliche Verluste der Marine melden mußte.

„Junger Freund", sagte er, „für Sie ist das heute ein stolzes Ereignis, diese Flotte ein Instrument einer wieder erstandenen Weltmacht. Bei uns Alten weckt alles nur schmerzliche Erinnerungen. Vor vierzehn Jahren, bei ähnlich schönem Sommerwetter, stand ich auf den Planken eines Vorläufers dieses Minensuchers und bewunderte die letzte Flottenparade der kaiserlichen Marine – ebenfalls zur Eröffnung der Kieler Woche – vor seiner Majestät, Wilhelm II. Wir glaubten damals, zur führenden Seemacht der Welt aufgestiegen zu sein. Dagegen ist der heutige Aufmarsch der Deutschen Flotte beinahe ein Kinderspiel. Es waren mindestens viermal so viele deutsche Schiffe. Jetzt denke ich an alle diejenigen, die damals im Parade-Päckchen an Deck und in den Rahen standen, die nie wieder nach Hause gekehrt sind. Vergessen Sie, daß ein alter Marineoffizier an diesem Tag, an dem alle so stolz sind, weinen muß. Versuchen Sie trotzdem stolz zu sein, ich kann es nicht."

Von den Schiffen, die an dieser letzten großen Flottenparade unter einer Reichsmarineflagge teilnahmen, ist noch weniger geblieben als von ihren Vorgängern, deren Besatzungen sie bei Scapa Flow selbst versenkten, statt sie den siegreichen Engländern zu übergeben. (Übrigens verhinderten nur ein paar Zufälle, daß der junge Journalist von damals später bei der Propagandakompanie der Kriegsmarine landete. Dafür aber war sein zweiter Bruder einer der wenigen überlebenden U-Boot-Kommandanten des zweiten Weltkriegs.)

So wird man Kriegsberichter

Es begann im Kieler Ratskeller. Wir hatten gerade das Extrablatt mit der Nachricht aus München „Sudetenland wird deutsch" fertiggestellt und feierten den Anlaß mit einer guten Flasche. Die Kriegsgefahr war gebannt, das „Großdeutsche Reich" wuchs um eine neue Provinz. Und es war seit Jahrhunderten deutsch besiedeltes Land, das zu uns kam mit hunderttausenden neuer „Volksgenossen".

Vor allem aber, jetzt würde Frieden sein, „Versailles" war überwunden, damit – so hatte gerade „der Führer" der ganzen Welt versichert – seien alle Gebietsforderungen erfüllt. Wir Deutschen dürften wieder stolz auf das endlich vereinte nunmehr endgültig „Großdeutsche Reich" sein. Grund genug, eine Flasche vom Besten zu köpfen, meinten nicht nur wir, sondern auch unser Nachbar am Nebentisch, Kiels bekanntester Rechtsanwalt. Er spitzte die Ohren, als ich meinem Kollegen zurief: „Mensch, beim Einmarsch am Sonntag sollte man dabei sein, das wär was, aber der Dicke (unser Verlagsleiter) ist zu geizig, die Spesen rauszurücken." Der Anwalt setzte sich zu uns. „Hören Sie zu, ich mach Ihnen einen Vorschlag. Ich spiel ihren Fahrer, und wenn Sie die Papiere besorgen, gehen alle Kosten zu meinen Lasten. Das ist mir die Sache wert." Was eben noch reine Utopie schien, gewann bei der zweiten Flasche immerhin mögliche Konturen, so verrückt es schien. Immerhin spielte der Tischnachbar in der Reichsmarinestadt Kiel eine gewichtige Rolle . . .

Am nächsten Morgen rief ich als erstes im Göbbelsministerium an und fragte, wie man zu einem Sonderausweis kommen könnte. Die Auskunft: Nur einer sei zuständig, Ministerialrat Stephan. Kurz vor Mittag sei er erreichbar, aber es gäbe wenig Chancen. Beim Namen Stephan wurde ich hellwach, beim Abschlußabend der Reichspresseschule hatte ich mit ihm als Tischnachbar ein interessantes Gespräch geführt. Es könnte klappen. Mein Chefredakteur meinte zwar, ich sei wohl verrückt, aber probieren könnte man es ja, und weil es kein Geld kosten würde, ginge der Verlag kein Risiko ein.

„Der Dicke" war gleicher Meinung. Wenn es nichts koste, warum nicht?

Den Rest des Tages gab es jede Menge Telefonate, vorsorglich Koffer packen, Kameraausrüstung nicht vergessen. Stephan bekam ich nicht in die Leitung, aber sein Referent meinte, ich könnte es ja einmal versuchen. Wir beschlossen, früh um vier nach Berlin zu starten. Das Auto, das mich abholte, war eine Wucht. So ziemlich das Schönste, was es damals gab: Ein Kabrio Horch 8 mit Kompressor. Auf der Autobahn kletterte der Tacho auf über 140, damals fast unvorstellbar. Leider war nicht viel Autobahn für die nächsten Tage zu erwarten. Soweit war man damals noch nicht.

Am frühen Nachmittag waren wir in Berlin. Um 15 Uhr empfing uns der Ministerialrat. Er guckte etwas komisch, als er meinen Begleiter in der Uniform eines Gauamtsleiters sah. Vielleicht hat das geholfen, oder wollte er uns nur los sein? Wir vom Ministerium haben die Zulassungen schon rausgegeben. Die Korrespondenten sind schon in Dresden beim

Schnell freunden sich die „Befreier aus dem Reich" mit der Bevölkerung von Schönlinden an.

41

Oberkommando. Jetzt hat die Gestapo das Recht auf Zulassung. „Versuchen Sie Ihr Glück", meinte er mit einem vielsagenden Blick auf die stolze Uniform meines „Fahrers" und damit hatte er recht.

Wir hatten in einem Berliner Hotel noch ein paar Stunden geschlafen. Und schafften es dann nach der Mittagspause, das Gestapobüro in Dresden zu finden. Wir hatten Glück, der zuständige Abteilungschef war Studienfreund meines Anwalts. So war man bereit, uns als „zuverlässig" zu akzeptieren: Jetzt mußte das Armeekommando entscheiden.

Beim zuständigen 1C Generalstäbler hatte dann ich Glück: Er war ein guter Bekannter aus meiner Volontärszeit in Schleswig. Der „Persilschein" der Gestapo war ihm Rückendeckung genug, seinerseits uns eine Bescheinigung auszustellen, die uns berechtigte, uns der einrückenden Truppe am Sonntagvormittag ins Operationsgebiet anzuschließen. Wir sollten uns aber sobald wie möglich beim „Kriegsberichtertrupp" melden. Dort würde man uns entsprechend einteilen. Wir konnten es kaum fassen. Da es inzwischen Nacht gewor-

In dieser Senkgrube verbarg sich ein Dienstpflichtiger 3 Wochen vor der Polizei, die ihn zum tschechischen Militär holen wollte.

den war, blieben wieder nur ein paar Stunden in einem „standesgemäßen" Hotel.

Mit viel Glück und Geschick und nicht zuletzt der stolzen Uniform des Mannes am Lenker konnten wir uns bis an die Spitze der endlosen Kolonne in Feldgrau vorarbeiten. Um 11 Uhr hob sich der Schlagbaum. Wir mogelten uns durch, um uns nach wenigen Kilometern im Konvoi auf einen Seitenweg zu verkrümeln. Landkarten hatten wir uns besorgt und hielten erstmal „Kriegsrat": Am besten vorweg bleiben, den nur mündlich erteilten Befehl, uns dem Berichtertrupp anzuschließen, tunlichst zu vergessen. Dafür die Augen aufzuhalten, uns auf unser Glück und nicht zuletzt auf die stolze Uniform und auf unseren stolzen Wagen meines Fahrers zu verlassen. Wider alle Bedenken klappte das Vorhaben. Wir blieben vor der Truppenspitze, ich fotografierte und wir schwammen in einer Woge von Glück und der Begeisterung unserer neuen „reichsdeutschen Volksgenossen". Es war wie ein Rausch. Was wir sahen, bestätigte, daß hier das vielbelächelte und verlästerte „heim ins Reich" die Menschen tatsächlich beglückte. Wie sollten sie ahnen, was einmal das bittere Ende sein würde. Daß sie einmal als „Sudetendeutsche Landsmannschaft" im Bund der Vertriebenen meist vergeb-

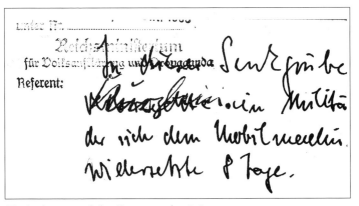

Freigabestempel des Propagandaministers

lich um ihre Rechtsansprüche in einer „Bundesrepublik"
kämpfen müßten.

Man zeigte uns unterirdische Verstecke, in denen sich die
jungen Männer wochenlang getarnt hatten, um der Einberufung in die tschechische Armee zu entgehen, in denen andere
sorgfältig getarnt auf die Gelegenheit warteten, nachts über
die Grenze ins „Reich" zu entfliehen, weil sie steckbrieflich
wegen verbotener Volkstumsarbeit gesucht wurden. (In den
wenigen Originalunterlagen, die Bombenangriff und sieben
Umzüge überstanden haben, befinden sich noch wenige vergilbte Fotos mit dem Vermerk: „Freigegeben am 7. Oktober
1938 – Reichsministerium für Volksaufklärung und Propaganda. – Veröffentlichung unbedenklich, Widerruf vorbehalten, der Chef des Oberkommandos der Wehrmacht.")

Die vier Tage und Nächte, die wir uns vorgenommen hatten, damit meine „Frontberichte" in der Wochenendausgabe
starten konnten, waren geprägt durch aktuelles Erleben, das
Bemühen, möglichst in Wort und Bild zu erfassen, was kurz
zuvor noch undenkbar erschien, als die Furcht vor dem un-
mittelbaren Ausbruch eines zweiten Weltkriegs Deutsche,
Franzosen und Engländer gleichmäßig bedrückte, ehe „München" scheinbar eine kaum noch erhoffte Lösung der größten
Krise seit dem Ende des ersten Weltkriegs gebracht hatte. Vor
Ort aber hatten wir kaum Gelegenheit und Muße über ein Geschehen nachzudenken, in das wir nun unmittelbar eingebun-
den waren. Es erschien eher wie ein Rausch der Erlösung, der
die Menschen in Städten und Dörfern des Sudetenlands und
mit ihnen auch uns erfaßt hatte. Der junge Reporter versuchte
vor allem, auch in Fotodokumenten seine Eindrücke von dieser neuen Provinz des „Reichs" zu dokumentieren.

Beinahe wäre alles schiefgegangen, weil wir nicht wußten,
daß die Freigabe des Grenzfestungsbereichs „Schöber-Linie"
(dem tschechischen Gegenstück der französischen „Maginot-
Linie") um mehrere Stunden verschoben worden war. Das
deutsche Oberkommando hatte die Übergabe durch eine
Gruppe höherer tschechischer Offiziere verlangt, weil man
fürchtete, es könnten dort Sprengkammern und Minen vorbe-

reitet sein. So fuhren wir scheinbar unbeobachtet und ohne die Situation zu kennen, durch den Sperrbereich.

Unser Glück: Die nervösen tschechischen Posten, die hinter uns her ballerten, waren zu aufgeregt, um zu treffen. Das seltsame Zwitschern der Kugeln konnte symbolhaft sein für manches, was später auf mich zukommen würde, weil das Unternehmen „Sudetenland" nicht das halten sollte, was damals versprochen worden war: Die Erfüllung eines im Grunde berechtigten Anliegens einer Nation auf Zusammenleben in gemeinsamen Grenzen. „München" sollte nie das werden, wofür es damals verkauft wurde. Aus dem Synonym einer Wende zum Frieden wurde der Begriff eines politischen Betrugs ohne Beispiel, wie er seither immer wieder mahnend durch die weiter unfriedliche Weltpolitik geistert.

All das, was uns später berühren sollte, zählte im Moment nicht. Bis Teplitz-Schönau waren wir gekommen. Dann hieß es ohne Rücksicht kehrt. Mein Rechtsanwalt hatte am Freitag einen Gerichtstermin. Fotos und Texte mußten gleichfalls bis Freitag der Zensurstelle vorgelegt werden. Die Nacht zum Donnerstag starteten wir, unser edler Tourenwagen schaffte es, trotz scheußlichen Wetters am Donnerstagnachmittag Kiel zu erreichen. Bis zum Nachtexpreß nach Berlin waren Fotos und die ersten beiden Reportagentexte auf den Weg gebracht. Am Freitagmittag erfolgte die telefonische Freigabe. Als erste Provinzzeitung brachten wir eine eigene Serie von der schwersten historischen Krise der bis dahin beinahe noch friedlichen Zwischenphase von zwei Weltkriegen.

Der Kieler Jungredakteur platzte beinahe vor Selbstbewußtsein: Bis dahin waren überall nur die offiziellen Berichte des DNB (Deutsches Nachrichtenbüro) erschienen. Die Arbeiten des offiziellen Kriegsberichtertrupps, den wir „trotz eifrigen Suchens" wohlweislich nicht gefunden hatten, hingen noch auf dem Dienstweg der Militärverwaltung. Es sollte später noch eine Überraschung geben: Auf dem Umweg über das Propagandaministerium erhielt der zivile „Kriegsberichter" mit der für die Truppe verliehenen „Sudetenmedaille" seinen ersten „Kriegsorden". Daß er damit als künftiger Soldat für noch zu bildende „Propagandakompanien" registriert war, ahnte er ebenso wenig wie den schwierigen Stolperpfad zum tatsächlich „echten" Kriegsberichter, der sein Schicksal bestimmen sollte.

Der junge sudetendeutsche Militärpflichtige verbarg sich auf diesem Heuboden, um der Einberufung zu entgehen.

Teil II

Im Strudel des Weltgeschehens

Es begann um 3.05 Uhr

Ich sitze auf dem Rand des Grabens, die Uhr in der Hand: Es ist kurz vor 3 Uhr an diesem Morgen des 22. Juni 1941. Vor mir senkt sich der Hügel, auf dem unsere Feuerleitstelle eingerichtet ist, zum Bug hinunter. Deutlich erkennt man die Eisenbahnbrücke, dahinter liegt Sokal, eine Stadt im Frieden. Ich weiß, daß dieser Frieden nur noch wenige Minuten dauern wird. Was dann kommt, weiß ich nicht. Der Schock von gestern nachmittag sitzt mir noch in den Knochen. Um 14 Uhr wurden wir zusammengerufen zur Belehrung, seit diesem Zeitpunkt wissen wir, was kommen soll, hat die Zeit der Gerüchte vom Korridor nach Indien oder Persien und wie sie alle lauteten, ein Ende. Der Feind von morgen heißt Sowjetunion, heißt Rußland. Die Erklärungen warum und weshalb haben uns nicht ganz überzeugt, aber daß die Kommunisten die Gegner sind, daß sie es eines Tages sein würden, damit hatten wir schon länger gerechnet. War nicht auch Napoleon in dieses Land hineingestürmt mit einer einmaligen Kraftzusammenballung jener Zeit? Nicht an die Beresina denken! Ich versuche es, es ist schwer, zumal nach dem, was in der Belehrung geschah.

Wir sind eine Heeresartillerie-Abteilung, eine fliegende Einheit von Kanonen- und Mörser-Batterien. Unser direkter Gegner ist die sowjetische Artillerie. Über sie hat man uns speziell belehrt, hat uns Typen gezeigt, deren Entwicklung hinter der unserer letzten Weltkriegsmodelle herhinkte. Ich habe den Mund nicht halten können, habe gesagt, wir müßten mit neueren Skoda-Modellen rechnen. Aus meiner Arbeit als Jungredakteur im Wirtschaftsteil weiß ich, was Skoda bedeutet, daß dieser tschechische Konzern einer der entscheidenden Faktoren für die Bildung des „Protektorats Böhmen-Mähren" war, daß seine Geschützproduktion vor allem an die Sowjetunion ging. Und waren nicht Skoda-Geschütze noch unser letzter Schrei in Polen gewesen, ehe die neuen Typen herauskamen? Skoda hatte eine 17-cm-Kanone gebaut, deren Reichweite noch unsere Langrohre überbot, mit ihnen müßten wir rechnen. Der Leutnant gebot mir zu schweigen. Ich wurde zum Kommandeur zitiert. Einer sprach vom Kriegsgericht. Defaitismus und Zersetzung der Moral, dabei war ich soweit davon entfernt, meine Zweifel begannen ja erst.

Papa Höbel war ein vernünftiger Mann. „Du hast ja recht", sagte der alte Major, „wir sollten uns nichts vormachen. Die haben auch einiges." Als er einige Wochen später an Verdun dachte, als wir bei Malin Trommelfeuer bekamen, erinnerte er sich des Zwischenfalls. „Lindschau hat recht gehabt", meinte er. Vorerst riet er mir, meine Gedanken für mich zu behalten. Wir würden die Sache schon schmeißen.

Das Feldtelefon klingelte. Ich darf nicht abnehmen. Gespräche sind verboten, nur die Klingelzeichen dienen dem Zeitvergleich. Ich gebe Antwort. 3.02 Uhr. Ich atme auf, ergreife den Apparat, die Vermittlung hat Sammelschaltung. „Drei Minuten vor x" – jetzt geht es weiter, in regelmäßigen, immer kürzer werdenden Zeitabständen gebe ich nach meiner Uhr die Zeit bis x. Der Oberleutnant schreit, ich soll vom Grabenrand herunter. Ich tue, als höre ich nichts, „noch fünf Sekunden, drei, zwei, eins, jetzt!" schreie ich ins Mikrophon, dann ist es geschehen. Der Luftdruck wirft mich fast in den Graben; über mich hinweg orgelt der Tod. Mein Krätzchen fliegt mit, ich habe nicht bedacht, daß hinter mir eine Feuerstellung der 15er ist. Egal! Die Wehrmacht hat mehr Feldmützen. Vor mir ist die Hölle los, die Lagen der eigenen Batterien und der gesamten Artillerie des Korps liegen in den vorberechneten Zielen, unmittelbar hinter dem Ölzug, der gerade noch über die Brücke am Bug hinweggebraust kam. Öl für uns, für die große Maschinerie der Vernichtung, die hier zum Sprung ansetzt, letzte Lieferung von heute früh.

Ich habe keine Zeit darüber nachzudenken, über das nicht und manches andere. Ich muß die nächste Kommando-Serie von meinem Befehlsblock durchjagen. Die nächsten Salven liegen anderswo. „Zwei Feuerüberfälle auf Ziel 2. Feuerbereitschaft melden." Wieder das Spiel mit Sekunden, hundertmal exerziert und auf Schießplätzen durchgeführt. Jetzt zum ersten Male ist es ernst. In der Stadt flammen die Brände auf.

Ich brauche kein Glas, um das Chaos zu erkennen. Die fahle Helle dieses Junimorgens zieht das Ziel vor uns direkt heran. Was wird mit diesem Feldzug? Bei Frankreich saßen wir in der Kaserne, durften nicht dabei sein, kamen uns degradiert vor während des Lehrgangs. Jetzt wird es ernst. Werden wir einmal zurückkehren? Das Telefon meldet sich. Der mit der Infanterie vorgehende AvKo (Artillerie-Verbindungskommando zur Infanterie) gibt durch: „3.15 Uhr. Soeben überschreitet Generalfeldmarschall Reichenau als erster die Brücke über den Bug." Kurz darauf kommt das Kommando: „Stellungswechsel!"

Wir ziehen in die Ukraine hinein, Stellungswechsel folgt auf Stellungswechsel, manchesmal brauchen die schweren Batterien gar nicht erst in Aktion zu treten. Der Vormarsch überschlägt sich, wir begleiten die Panzerspitze der Gruppe Kleist und geben ihr schwere Feuerdeckung; die Infanterie kommt nicht nach. Zersprengte sowjetische Truppenverbände stören die Nachschubwege; wir haben keine Zeit, uns um sie zu kümmern. Irgend jemand organisiert eine ukrainische Miliz, ein ehemaliger zaristischer Oberst soll sie befehligen. Sie ist mit Beutewaffen ausgerüstet. Davon liegt genug herum. Es klappt zunächst großartig. Aber wir sind schon viel weiter, bekommen den ersten harten Widerstand im Bereich der Festung Dubno, der Sümpfe bei Malin, wo Major Höbel an Verdun erinnert wird. In unseren Reihen fehlt schon mancher liebe Kamerad, unsere Geschütze beginnen auszuleiern, aber es geht wieder voran. Das sagenhafte Unternehmen Garnosteipol führt uns über den Dnjepr und die Desna, ins Herz der Heeresgruppe Budjenny. Wie wir wieder zu uns kommen, stehen wir weit hinter Kiew, dort, wo sich die Panzergruppen Guderian und Kleist vereinen.

„Die größte Schlacht der Weltgeschichte ist geschlagen", tönt es aus unserem Rundfunkgerät. Und dann folgen Zahlen, Zahlen, die für uns sich mit blutigen Bildern füllen, von der Todesstraße bei Borispol, von all den Opfern, die an der Straße liegen blieben mit Birkenkreuz und Stahlhelm, oder nur dürftig verscharrt durch die Gefangenenkommandos, um den

Ausbruch von Seuchen zu verhindern. „Die größte Schlacht der Weltgeschichte", die durch Tod und Gefangenschaft drei Millionen Gegner ausschaltete (so die Ziffern des OKW-Berichts) – wer Borispol sah, wer die nüchternen Zahlen hörte, wer auf die Karte blickt, wo wir in der Tiefe des Raumes operieren, der sagt sich: „Dahinter kann nichts kommen. Jetzt gilt es im Süden nur noch aufzuräumen. In der Mitte und im Norden werden sie es wohl auch schaffen". Darüber sprechen wir, während wir uns zum ersten Mal nach langen Wochen wieder gründlich abseifen und landfein machen. Am Abend soll ein Frontkino kommen.

Kurz vorher kommt ein Alarmbefehl. Wir sitzen auf die Fahrzeuge auf, fahren gen Osten und erleben einen der härtesten Kämpfe des Sommerfeldzugs 1941. Wo nichts mehr sein konnte – wie wir glaubten – stand eine neue und besser ausgerüstete Armee uns gegenüber. Aus Sibirien soll sie gekommen sein. Stalin hat die Elite seiner Fernost-Armee in die Schlacht um das Zentrum geworfen. Er rechnet nicht mehr damit, daß Japan jetzt eingreift. Das blutige Spiel beginnt von neuem, wird eher härter, bis es im Schlamm erstickt. Wir stehen bei Poltawa, unsere Geschütze sind nur noch Schrott. Ein einziges ist einsatzbereit und einer fremden Abteilung zugeteilt. Wir warten auf Neuausrüstung und Neuaufstellung. Unsere Erfolgsliste ist großartig. Wir haben etwa das Zwanzigfache unseres Bestandes an gegnerischen Batterien zerstört, mehrere Panzerzüge und zahlreiche Panzer geknackt. Wir haben überall an den Schwerpunkten die Kameraden von der Infanterie entlastet, wir haben so vieles getan, andere noch viel mehr. Aber wir liegen fest, der Winter kommt und ich denke wieder an die Beresina.

Eine der letzten Kampfhandlungen soll mein Soldatenschicksal gründlich verändern. Irgendwo in der ukrainischen Weite machen wir einen unserer letzten Einsätze. Ich muß ein zerschossenes Kabel vom Stab zum Befehlsstand der 3. Batterie wieder herstellen. Plötzlich jener ganz spezielle Knall, den alle alten Fronthasen kennen, der avisiert, diese Granate gilt dir. Ich versuche, in ein natürliches Deckungsloch zu springen. Dann ist für kurze Zeit alles abgeschaltet. Wie ich zu mir komme, spüre ich das Gewicht von einem Haufen Dreck im Rücken und einen ungeheuren Schmerz in meinem linken Knie. Ich versuche mich freizurappeln. Stelle fest, daß nirgendwo Blut ist, nur das Bein will nicht. Ich kann nur herauskriechen aus der Deckung. Kameraden, zu denen ich die Verbindung hergestellt hatte, helfen mir in die Stellung. Später bringt mich ein Fahrzeug zum Stab zurück.

Man versucht, das Bein mit Bandagen zu fixieren. Aber mit den Bordmitteln des Abteilungsreviers und der Kunst unseres Stabsarztes ist nichts zu machen. Inzwischen sollen wir demnächst abrücken und zur Neuaufstellung in Richtung Heimat verladen werden. „Das kann dauern, Lindschau, wir schicken Sie nach Poltawa zum Heimtransport, vielleicht können Sie in Hohenlüchen das Knie wieder herrichten. Aber erst machen Sie noch unsere Weihnachtsfeier." So geschieht es, am zweiten Weihnachtstag fährt ein Postwagen über die verschneite Landschaft nach Poltawa. Das Unglaubliche geschieht. Ich melde mich auf der Krankensammelstelle, wie befohlen. Der Spieß stockt beim Namen auf dem Einlieferungsbefehl. „Lindschau, kennst Du einen Stabsarzt mit gleichem Namen?" Ich erkläre: „Natürlich, mein ältester Bruder, der ist auch irgendwo in Rußland." Rußland ist bekanntlich groß. Über drei Millionen deutsche Soldaten kämpfen irgendwo zwischen Eismeer und Krim. In Poltawa nimmt der älteste Bruder den jüngeren in die Arme. Er ist Chef der Krankensammelstelle Poltawa 2. Nur die Entscheidung, was mit mir passieren soll, will er nicht selbst treffen. Ich muß mich im Feldlazarett zur Fachuntersuchung melden. Man stellt fest, was mein Stabsarzt geschrieben hatte: „So nicht felddienstfähig, Wiederherstellung nur im Heimatlazarett möglich." Am Dreikönigstag setzt sich ein Lazarettzug in die Heimat in Bewegung . . .

Der Partisan im Christbaum

Es ist lange her und doch fast wie gestern. Und jedesmal, wenn Weihnachten naht, ist es wieder gegenwärtig und läßt sich schwer verdrängen. Denn es will Antwort. In einer Panjehütte in der Ukraine zischt und knistert das Maisstroh in jener eigenartigen Ofenkunst, die selbst bei 50 Grad klirrender Kälte beinahe aus dem Nichts wohlige Wärme in die Lehmhütten zu zaubern vermag. Vor diesem Ofen aber steht ein dürftiges kleines Tännlein. Der Duft seiner Nadeln, der Duft der schrundigen Äpfel, die auf dem Ofen mürbe braten, und nicht zuletzt der vielverheißende Duft einer Gans, die in einem Riesentopf schmurgelt, lassen einen Hauch von heimatlicher Weihnacht in diese elende Hütte ziehen, einen Hauch von Heimat und Heimweh. Der Soldat, der durch die Hütte humpelt, ist dabei, mit einfachsten Mitteln aus der ukrainischen Tanne einen deutschen Weihnachtsbaum zu zaubern. Aus Draht entstehen Kerzenhalter, aus dem Stanniolpapier der Marketenderzigaretten wird Lametta, werden Sterne und blinkende Kugeln. Der kleine ukrainische Bub an seiner Seite ist eher geschickter als der Soldat, dem Schere und Zwirnsfäden nicht recht in die groben Fäuste passen wollen. Der Soldat und der kleine Bub verstehen sich trotz aller Sprachschwierigkeiten. Schließlich ist der kleine Bruder zu Hause auch nicht viel älter. Die anderen Männer der Gruppe schieben draußen Wache vor der Kommandantur oder sind auf Patrouille unterwegs. Von dort haben sie auch die Gans mitgebracht, „ehrlich" mit Besatzungsgeld bezahlt, das keiner recht haben wollte. Draußen herrscht die trügerische Winterruhe dieses Jahres 1941 in der Etappe irgendwo zwischen Bjelgorod und Poltawa. Jene Ruhe, in die hinein plötzlich Schüsse fallen, denn in den Wäldern sind die Partisanen. Ob der Vater des Buben auch dazu gehört, das weiß der Soldat nicht, er kann es nur vermuten. Der Bub jedenfalls ist ohne jeden Arg, und die Matka scheuert zwar auf der Kommandantur die rissigen Dielen, aber sie wohnt nicht in der Hütte, nur der Bub. Der Soldat versucht, dem kleinen Freund klar zu machen, was es mit Weihnachten auf sich habe und mit dem Weihnachtsbaum. Und der kleine Ukrainerjunge nickt ernsthaft. Ja, davon habe er schon vom Opa gehört. Der hatte viel von der billigen Ikone gehalten, die in der Kammerecke ein verstecktes und verdrecktes Dasein fristet. Sein Vater wollte nichts davon wissen, und die Mutter auch nicht, nur der Opa. Aber der sei ja begraben, sei längst weg. Und der Bub drängt sich etwas an den Soldaten, wie ein Kind, das Märchen hört. Er will damit auch seinen Lohn haben dafür, daß er dem Soldaten die Heißwasser-Umschläge um das Knie macht. Denn der Soldat, ja – das ist auch für ihn ein großer Bruder. Und dann sind die letzten Sterne und Kugelgebilde in den Baum gehängt. Die Kameraden kommen hereingepoltert und schnuppern ob der guten Düfte in der Hütte. Von der Feldküche hat einer eine große Kanne Teepunsch mitgebracht, Extraration für den Weihnachtsabend. Und dann geht die Gans den Weg aller Weihnachtsgänse. Die Kerzen am Baum werden angezündet. Der Bub hatte sich in den Nebenraum zurückgezogen und sich zu schaffen gemacht. Und als das Kerzenlicht rundherum alles in Dunkelheit fallen ließ, als nur der Baum da ist, die Weihnachtsstimmung sich ausbreitet und sich verstohlen verräterisches Glänzen in den Augen derer bemerkbar macht, die da von den Hirten singen und von der stillen Nacht, da hat der Bub sich wieder hereingestohlen. Er ist ganz leise und ergriffen ob des Ungewöhnlichen dieser Szene mit den merkwürdigen Germanskis. Und dann traut er sich an die Tanne heran und hängt als Überraschung für den großen Bruder seine Figuren an den Baum, die er ganz allein gemacht hat, kunstvoll geschnitten aus dem Karton der Hausmarken-Zigarettenpackung, tiefrot. „Für Baum", stammelt er und hängt die beiden Gestalten in das Grün, die Spende eines Ukrainerkindes für einen deutschen Tannenbaum. Da baumeln sie und drehen sich in der Wärme, die von den Kerzen aufsteigt und heben sich seltsam ab vom Silberblinken der Stanniolsterne. Und dann ist plötzlich alles ganz starr. „Da, Partisan", hat der Bub gesagt. – Und in den Hauch von Frieden in dieser Weihnachtsstunde anno 1941 ist plötzlich die ganze Zwiespältigkeit einer unfriedlichen Welt hereingebrochen, die Menschen an Bäume hängt, sich gegenseitig erschießen läßt und dann in einer trügerischen Pause des Unfriedens singt, predigt und preist und träumt „Friede auf Erden den Menschen seines Wohlgefallens". Erst der dritte Becher Punsch wischt bei den meisten Kameraden das Wort weg, das alles aufgerissen hatte, was da unweihnachtlich ist in der Welt. Nur dem einen blieb es unvergessen und schwingt noch bis heute mit, wenn er vor dem Lichterbaum steht. Und er sieht wieder den kleinen Unkrainerbuben neben sich, der die Weihnachtsgeschichte sicher nur unvollkommen verstanden und der es ganz sicher gut gemeint hatte mit seinem Tannenbaumschmuck für den Baum der Deutschen, von denen er den einen so lieb hatte, daß er bitterlich weinte, als der Soldat drei Tage später mit einem Kettenfahrzeug endgültig ins Lazarett abtransportiert wurde. Und wie der Bub nicht erfaßte in seiner kindlichen Unschuld, was er da in die Weihnachtsstunde hineingetragen hatte, so hatte er sicher auch nicht begriffen, was er dem einen als unvergeßliche Lehre mitgegeben hatte: Daß alles Singen und Preisen, aller Lichterglanz der Weihnacht, alles Öffnen auch für ihre große Verheißung vielleicht doch eitel ist, wenn man nicht die Erkenntnis jenes Symbols am Weihnachtsbaum in der Panjehütte mit hereinnimmt. Denn an wen wendet sich denn diese Botschaft? Doch an jene Wesen, in deren zwiegespaltener Brust Kain ebenso ist wie Abel, die Engel wie Teufel in einer Person sein können, deren Sein eben von diesem Spannungsverhältnis von Gut und Böse bestimmt ist, von Haß und Liebe, von Hoffnung und Furcht. Sie unterliegen jener Urfurcht, die die Hirten zu Boden warf, als über ihnen die himmlischen Heerscharen lobsangen und ihre Verheißung verkündigten, „die große Freude, die allem Volk widerfahren wird", indem ihnen die Furcht genommen werden sollte. Die Furcht vor sich selbst, auf daß Friede werde in den Herzen des einzelnen, Friede in der Welt voller Unfrieden. Denn an Weihnachten, da stehen sie vor dem Kind zu Bethlehem, das in Windeln gelegt wurde in das ärmliche Stroh der Krippe.

Sie stehen vor dem Kindlein Mensch, das Menschenschicksal erleben und erleiden mußte, auf daß seine Botschaft glaubhaft werde. Die Botschaft, die seit damals vor dieser Welt steht, die Botschaft, daß einmal Friede sein werde, – eben wegen dieses Kindes in der ärmlichen Hütte, das nicht Raum in der Herberge bei den etablierten Menschen gefunden hatte, sondern bei Ochs und Eselein das Licht dieser Welt erstmals erblicken sollte. Und im Tannenbaum der Panjehütte anno 1941 hing das Abbild eines Menschen. Der Bub, der es hineingehängt hatte, aber meinte, es gehörte dahin als rechter Zierrat. Ist deshalb die Botschaft von Bethlehem wirkungslos geblieben und zur Wirkungslosigkeit verurteilt, weil noch nicht Friede ist in der Welt? Weil es Vietnam gibt und Biafra, weil um die Geburtskirche zu Bethlehem vielleicht in diesen Tagen Bomben krachen? Viele meinen: ebenso sei es, alles frommes Märchen, dummes Geschwätz, weil sie es nicht verstehen wollen oder nicht verstehen können. Denn auch das Kind in der Krippe hat die Menschen nicht zu Engeln gemacht. Wie sollten die in dieser Menschenwelt bestehen, deren entscheidender Motor eben das Spannungsverhältnis von Gut und Böse in der Menschenbrust ist? Der Motor, der die Erdenbürger zu den Gestirnen des Alls treibt und zu immer neuen Erkenntnissen. In seiner Zwiespältigkeit ist der Mensch zu Unrast und Unfriedlichkeit verurteilt, zur Furcht vor sich selbst, die ihn zu den seltsamsten Hilfsmitteln greifen läßt, mit dieser Furcht und mit sich selbst fertig zu werden. Zur Weihnacht aber, vor der Krippe, vor dem Kindlein, dem Gotteskind der frommen Magd, da vermag der Mensch Kraft zu sammeln. Die Kraft zum Guten in ihm, zur Liebe, die den Frieden verheißt. Und wenn der Partisan des Ukrainerbuben in vielfacher Abwandlung als Mahnung auch heute im Christbaum hängt, so schlägt er nur den Bogen von der Krippe zu Bethlehem nach dem Kreuz zu Golgatha, denn beides ist untrennbar. Wollen wir recht Weihnachten feiern, dann müssen wir zu beidem ja sagen und zu allem, was dahinter steht. Das aber ruft uns auf, dem Kindlein zu folgen, uns zu mühen, „wahr Mensch" zu sein. Menschen, die danach streben, mit dem Erbe Kains in sich fertig zu werden, um zum Frieden mit sich selbst und zum Frieden mit der Welt um sich herum zu finden. Weihnachten ist in seinem Kern nicht nur jenes scheinbar bequeme Fest der großen Freude, die allem Volke widerfahren wird, ist nicht frommes Märchen. Weihnachten ist Aufruf zur Selbstbesinnung, zur Mobilisierung der Kräfte des Guten in uns, der Liebe, die nicht die Figur des Ukrainerbuben übersieht, an der vorbei wir zur Krippe finden müssen. (Dieses Kapitel erschien als Festtagsartikel der Mittelbadischen Presse und danach in der Weihnachtsausgabe der Zeitschrift „Lion" der deutschen Lions-Clubs.)

Auf verschlungenem Pfad zum Ziel

Immer wieder haben reine Zufälle an wichtigen Eckpositionen eine schicksalhafte Rolle gespielt. Das Zusammentreffen mit dem ältesten Bruder in Poltawa war nur ein Beispiel. Die Entscheidung, die er dem Chefarzt des der Krankensammelstelle gegenüberliegenden Feldlazaretts überlassen hatte, war eindeutig: Mit einem so lädierten Knie sei ein sinnvoller Dienst in einem aktiven Truppenteil völlig ausgeschlossen, eine erfolgreiche Behandlung nur in einer Spezialklinik in der Heimat möglich. Der Marschbefehl: Mit dem nächsten Lazarettzug „heim ins Reich", möglichst in die Sportklinik Hohenlychen. Sechs Tage brauchte der Elendszug der Verletzten, Kranken und Erfrierungspatienten aus dem finstersten Rußland bis in den deutschen Schwarzwald. Von Bad Liebenzell erfolgte die Verteilung auf freie Lazarettplätze in Großdeutschlands Südwesten. Ich landete in Bad Teinach, einer Nebenstelle des Liebenzeller Lazaretts, gedacht als Übergang, bis Hohenlychen ein freies Bett hätte. Es sollte nie etwas daraus werden.

In jenem Winter 1941/42 sorgte der erste große Rückschlag beim Ostfeldzug für ein ungeheures „Überangebot" an Patienten für die Heimatlazarette. Zu den Verwundeten der Winterschlachten in ganz Rußland kamen dank der katastrophalen Fehlplanung der Winterausrüstung des Ostheeres fast eine gleiche Zahl von schwerstgeschädigten Soldaten mit Erfrierungen, bei denen nur noch Amputationen helfen konnten. Da interessierte ein unblutig verletztes Kniegelenk die Fachkliniken ganz und gar nicht. Das Ergebnis: Dieser Patient wird mit einer Art Kurpflege soweit aufgepäppelt, daß man ihn beruhigt in seine Heimatgarnison abschieben kann.

Man brauchte dazu knappe acht Wochen, dann konnte man ihn zum Ersatztruppenteil in Marsch setzen, rückständiger Fronturlaub inklusive. Danach eine Genesenenkompanie, jede Menge Untersuchungen und Beratung, wozu dieser Soldat noch taugen könnte. Eine Zwischenphase, deren unstrittiger Vorteil es war, daß er seine Verlobte, die ihn länger als ein

Jahr nicht gesehen hatte, nun doch heiraten konnte.

Inzwischen hatte man ausgeknobelt, daß es in der Großdeutschen Wehrmacht für einen „Intelektuellen" mit mathematischer Bestnote der Artillerie-Offiziersbewerber stationärer Geschützstellungen ein optimaler Platz wäre. Anfang Juli landete er bei einer Sondereinheit der „dicksten Brummer", der Eisenbahn- und Festungsgeschütze im pommerschen Rügenwalde zur Spezialausbildung als Rechentruppführer. Was paßte besser als jene Jahreszeit, in der die Schulen große Ferien, eine Junglehrerin fünf Wochen Urlaub hatte, ihr junger Ehemann als Kursist in einem der schönsten Ostseebäder bis auf Wachetage „Freigänger" spielen durfte? Als verletzter Frontsoldat genoß er Privilegien und damit nachgezogene „Flitterwochen".

Es war ein traumhafter Sommer in einer winzigen primitiven Fischerhütte mit Pumpe und Plumpsklosett und tagsüber sechs Stunden mathematischer Bimserei: Höhere Mathematik, Artillerietheorie und Meßtechnik mit dem Ergebnisziel, in Sekundenschnelle Kommandos zu errechnen, die man inzwischen längst den Computern überlassen hat, die es besser können.

Nach sechs Wochen Garnisonsdienst „Front-"Einsatz an der belgischen Kanalküste im halbwegs bombensicheren Kommandostand einer Eisenbahnbatterie im Bahnhof von Knoke an't Zee, einem der renommiertesten Seebäder an der belgischen Küste. Vier uralte Schiffskanonen des weiland kaiserlichen Schlachtkreuzers „Derflinger", die man beim Abwracken sorgfältig geborgen und gepflegt und dann auf Eisenbahnlafetten montiert hatte. Immerhin konnte man mit dem 17,5-Kaliber von Knoke aus die Einfahrt zum Hafen von Antwerpen sperren und feindliche Schiffen bis auf, falls die Erinnerung richtig ist, 25 Kilometer Entfernung an der Kanaldurchfahrt von der Küste fernhalten und Landungen wirksam behindern.

Wir waren ein Teil des sagenhaften „Atlantikwalles", in dem unsere uralten Rohre in Konkurrenz standen zu den neuesten Produkten der Festungsartillerie, deren K-Nummern ausnahmsweise nicht das Kaliber, sondern die Reichweiten angaben. So gingen mit „K14" die Reichweiten bis zu 140 Kilometern und konnten im Zusammenspiel theoretisch und praktisch jede erkannte Durchfahrt durch den Doverkanal verhindern. Was der stolze Atlantikwall nicht verhindern konnte, sollte sich knapp zwei Jahre später auf kriegsentscheidende Weise mit der großen Landung in der Normandie erweisen . . .

Dieser Dienst, der uns im ständigen Wechsel jeweils zwölf Stunden in einen stickigen Bunker unter zweieinhalb Meter Stahlbeton verbannte, hing dem jungen Soldaten bald zum Hals heraus. Heute würde man sagen er, und diejenigen Kameraden, die nicht besonders zu schätzen wußten, daß sie verhältnismäßig sicher lebten, litten zunehmend unter „Dauerfrust". Da kam ein Erlaß gerade recht, der nur bedingt einsatzfähigen Soldaten mit Frontbewährung die Möglichkeit zum Studienurlaub öffnete. Das schien der Mühe wert . . .

Gebet des Jünglings
Ich kenn Dich nicht, mein Gott.
Trotz allen Suchens
hab ich Dich nicht gefunden.
Ich sah Dich nicht, mein Gott,
bin doch dem Wesen
über mir gebunden,
das ich nicht sah,
nicht kenne,
dennoch fühle
im Rauschen meines Bluts.
Muß Dir dienen,
Gott!

Ein ziviles Zwischenspiel

Was keiner für möglich gehalten hatte, war plötzlich Wahrheit, ein Bescheid des Wehrersatzkommandos: der Obergefreite Lindschau solle zum Beginn des Herbstsemesters 1942 in Ergänzung seiner Gasthörer-Semester am Institut für Weltwirtschaft in Kiel ein ordentliches Studium der Wirtschaftswissenschaften aufnehmen, über eine Verlängerung werde zu Semesterschluß entschieden. Wenige Tage danach war Knoke an't Zee nur ein Zwischenkapitel einer merkwürdigen Soldatenlaufbahn. Daß eindreiviertel Jahr später ihm in Italien um die Monatswende Juni/Juli der tägliche Wehrmachtsbericht Eiseskälte über den Rücken laufen ließ, konnte er nicht ahnen. Da hieß es lange Tage immer wieder: „Die Batterie südlich der Schelde-Mündung sperrt weiterhin Zufahrt zum Hafen nach Antwerpen." Nur zu gut konnte er sich vorstellen, was seit der Landung der Alliierten im Bereich Bahnhof Knoke vor sich ging . . .

Doch inzwischen gab es in Kiel ein aufreibendes Doppelleben des Studenten in Uniform. Pünktlich neun Uhr am Morgen begannen die Vorlesungen im Institut am Düsternbroker Weg. Bis achtzehn Uhr waren Ökonomie- und Wirtschaftsrecht allein beherrschendes Thema. Davor und danach war der Urlauber wieder Journalist bei der inzwischen einzigen „Kieler Zeitung". Hier war man glücklich, einen flotten Kommentator zu haben, der mit einer täglichen Glosse das Weltgeschehen kommentieren durfte. Beinahe ein Traumjob, der außerdem die Hauskasse des jungen Ehemannes angenehm stärkte. Daß er am Abend noch Lokaltermine wahrnahm und sich an den Wochenenden um interessante Reportagethemen kümmerte und dabei seine junge Frau als „Assistentin" benutzen durfte, war besonders reizvoll. Daß er darüber weder Vorlesungen noch Nacharbeiten des Stoffes vernachlässigte, bescheinigte bei Semesterschluß der Dekan. Auf die Dauer wäre das Ganze nicht möglich gewesen, aber inzwischen war klar, daß dieses Semester keine Chance auf Verlängerung hatte: Die großen Verluste der Kämpfe in Ost und West, Stalingrad fiel in jene Wochen, beendeten die Großzügigkeit der Wehrmachtführung. Im Frühjahr 1943 ging der berüchtigte „Heldenklau" überall durch Büros und Fabrikräume, um noch dienstfähige Männer für den Nachschub der Front einzusammeln.

Der Fronturlauber gab sich keinen Illusionen hin, wunderte sich aber um so mehr, daß plötzlich das OKW sich an eine uralte Akte erinnerte. Da war doch dieser junge Redakteur, der nach dem Sudeten-Einsatz als Halbzivilist „Kriegsberichter" gespielt hatte, den zwischendurch einmal die Kriegsmarine angefordert hatte, ohne daß man ihn damals aufgetrieben hatte. Für den eigentlichen Normaldienst bei einer aktiven Truppe nicht mehr geeignet. Aber bei den Propagandakompanien holte man aktive Soldaten heraus und brauchte entsprechend Ersatz. Plötzlich kam zu Semesterschluß die Aufforderung: Statt zurück zur Eisenbahnartillerie ab nach Potsdam zur Propaganda- Ersatzabteilung, da brauchte man militärisch ausgebildete Reporter möglichst so, daß Prinzip „Heldenklau" eingehalten werden konnte. Und damit trug die Initiative vom September 1938 späte Früchte, die das künftige Schicksal in neue Bahnen lenken sollte. Zunächst aber gab es Garnisonsdienst in der Ersatzabteilung in Potsdam mit der Aufgabe, die eigene Ausbildung und die Fronterfahrungen in Rußland an den bis dahin zivilen Nachwuchs für die PR-Soldaten in Rußland militärisch auszubilden, sie mußten mindestens wissen, wie man Deckung nimmt und in wieviele Teile ein Karabiner zerfällt.

Schicksalhafter Irrtum

Der September 1943 hat unauslöschliche Spuren in meinem Leben hinterlassen. Am Anfang stand ein schicksalhafter Irrtum. Das Leben spielt oft ganz anders als vorgesehen. Fast ein halbes Jahr „Gammeldienst" bei der Propaganda-Ersatzabteilung des Oberkommandos der Wehrmacht (OKW/WPr) in Potsdam lag hinter mir. Ich durfte einer Reihe von Prominenten von Film und Bühne, die in der Ukraine Truppenbetreuung machen sollten, mit einem Kurzlehrgang die primitivsten Grundbegriffe des künftigen Soldatseins beibringen. Im übrigen wartete ich verzweifelt auf den ersten eigenen Einsatz als künftiger „Kriegsberichter". Dabei überschlugen sich die militärischen Ereignisse, vor allem im Mittelmeerraum. Mitte August war es soweit, der Chef der Propagandakompanie Griechenland in Saloniki brauchte einen Wort- und einen Bildberichter. Er war mit mir und einem jungen Fotografen einverstanden. „Ich fahr' zurück nach Saloniki und ihr kommt baldmöglichst nach, sobald der Papierkram erledigt ist. Laßt euch Tropenuniform verpassen und nutzt noch schnell die voraussichtlich letzte Möglichkeit, in diesem Jahr Urlaub zu nehmen."

Wir besorgten uns auf der Kammer den Tropendreß und fanden ihn totchic. Auf der Schreibstube gab's Urlaubspapiere und unsererseits die Mahnung: „Sofort telegrafieren, wenn der Einsatzbefehl kommt." Dann ging's ab nach Norden. Täglich Meldung bei der Ortskommandantur: Kein Telegramm. Die 14 Tage Urlaub waren beinahe beendet, als das Schreckenswochenende hereinbrach.

Am 23. Juli spät nachts brach die Hölle los. Unablässlich donnerten Bombengeschwader elbaufwärts. Die schwere Flak vom Kanonenkoog in der Elbmündung erinnerte mit dem Dauerfeuer an die „Hölle von Schitomir", mit der wir zwei Jahre zuvor erstmals begriffen, was „Materialschlacht" ist.

Als wir versuchten, aus den Dachfenstern des Schulhauses uns einen Überblick zu verschaffen, sahen wir nur, daß der

Himmel in südlicher Richtung auf breitester Front blutrot gefärbt war. Wir ahnten, was das bedeutete: „Hamburg in Flammen". Luftlinie ganze 45 Kilometer entfernt. Der erste Gedanke „Was ist mit Bruder Rudolf und den Kindern?" Der U-Bootkommandant hatte Heimaturlaub, um seinen vier Wochen zuvor geborenen Stammhalter kennenzulernen . . .

Gegen Morgen wollte es im ganzen Elbtal nicht hell werden. Die Luft stank nach Rauch, der Himmel war schwärzlich verfärbt. Die ersten Nachrichten sickerten durch: „Ganz Hamburg brennt, die Elbmetropole geht unter." Es gab keinen Zugverkehr und keine Telefonverbindungen. Was war mit Bruder Rudolf, der jungen Mutter und den Kindern? Was man sich im Rektorhaus fragte, fragte man sich in jedem zweiten Haus unseres Städtchens. Fast alle hatten Verwandte oder gute Freunde in Hamburg. Es vergingen 36 Stunden voller Tatarennachrichten und Ungewißheit. Dann am zweiten Tag um 11 Uhr früh klingelte das Telefon im Elternhaus: „Herr Rektor, Ihr Sohn mit Frau und Kindern kommt die Bahnhofstraße herunter." In der nächsten Viertelstunde wurde mindestens fünfmal angerufen, Dann kamen sie. Der Ruß von Händen und Gesicht nur notdürftig abgewischt, der Kinderwagen, in dem der Säugling und seine eineinhalbjährige Schwester lagen, wies deutliche Brandspuren auf. Aber sie waren da. Alles andere spielte keine Rolle.

Nur, inzwischen war mein Abreisetermin verpaßt. Erst nach einem weiteren Tag konnte ich nach Potsdam reisen, war die Bahnverbindung über Hamburg nach Berlin wieder hergestellt. Sollte inzwischen mein Marschbefehl da sein? War er etwa verpaßt? In der Nacht kam ich in Potsdam an. Am Morgen erste Frage beim Spieß: „Ist kein Marschbefehl für mich gekommen? Wo ist Unteroffizier Schulz, der Fotoberichter?" – Der ist schon über acht Tage weg nach Saloniki. Und mein Befehl? Was folgte, war für deutsche Militärverhältnisse schier unbegreiflich.

Ich rief sofort bei Hauptmann Wüst, dem Einsatzleiter OKW/WP, an. Es folgte ein Anschiß mit der Androhung eines Kriegsgerichtsverfahrens wegen Verweigerung eines

Einsatzbefehls. Und dabei hatte ich so auf eben diesen Befehl gewartet. Nach langen Recherchen in den Akten stellte sich folgendes heraus: Die Anforderung aus Saloniki war prompt erfolgt. OKW/WPr hatte den Einsatzbefehl dringlich telefonisch nach Potsdam durchgegeben. Zuerst für Unteroffizier Schulz, der kam richtig an. Dann erfolgte ein dringlicher Anruf aus Oslo, ein General beschwerte sich über irgend einen PK-Bericht. Der Telefonist fand so schnell keinen Zettel zum Notieren, schrieb die Durchsage auf die Rückseite des Einsatzbefehls Lindschau und heftete diesen Zettel ordnungsgemäß unter dem Tagesdatum „eingehende Fernrufe" ab. Schulz fuhr allein, Lindschau sollte vors Kriegsgericht. Was natürlich nicht passierte. Nur Saloniki war anderweitig bedient worden, Lindschau hockte in Potsdam fast den ganzen Monat August. Endlich kam dann die Aufforderung, in die Bendlerstraße zu kommen, zur Rücksprache bei Hauptmann Wüst: Lindschaus Karriere als Heereskriegsberichter sollte beginnen. Und so ungewöhnlich wie sie begonnen hatte, sollte sie bis zum unrühmlichen Ende bleiben. Saloniki aber sollte ich nie zu sehen bekommen . . .

Termin beim Wüstenfuchs

Im Bendlerblock tat man geheimnisvoll. Nirgends ein Wort über den neuen Einsatz, wurde erklärt: „Sie melden sich in Verona bei der Kommandantur", das war alles. Als Waffe gab es nur die gute Pistole 08, im übrigen war Rätselraten angesagt. Dabei blieb es bis Verona, wo ein ziviler schwarzer Mercedes mit Fahrer wartete. Der Fahrer: Walter Fehdmer, renommierter Wochenschau-Filmmann. Wir haben uns kurz berochen, während die Fahrt nach Garda an die Südspitze des berühmten Sees führte. Dort waren im „Hotel di Garda" einige Zimmer für Neuankömmlinge reserviert. „Morgen früh in der Schule melden", hieß es. Dort empfing uns ein Oberst i. G., wie sich ergab, der I C eines neuen geheimnisvollen Truppenteils. Der Auftrag: Land und Leute in Oberitalien zwischen Genua und Verona filmen und Eindrücke sammeln. Noch gab es keine Dienststellenbezeichnung. Nur „Kommandantur Garda". Im übrigen „Schnauze halten". Mehrere Tage fuhren wir morgens los, gewissermaßen zivile Reportage über die Menschen in Oberitalien. Abends zurück ins Hotel, kurzer Bericht. Dann Information durch den Oberst, aber ohne Einzelheiten. Wir wüßten, daß der Feind auf Sizilien gelandet sei und auch Landungen in Italien selbst zu erwarten seien. Zur Abwehr werde in Norditalien eine Reservestellung eingerichtet. Dann Spezialauftrag für Lindschau mit dem Hinweis, daß meine letzte Truppentätigkeit an der Kanalküste Rechentruppführer einer Küstenbatterie gewesen sei. „Wenn Sie eine Geschützstellung sehen, können Sie erkennen, wie ihr Zustand ist, wie weit die Reichweite und wie groß die Kaliber? Können Sie so was ohne direkte Befragung und möglichst unauffällig notieren?" Ich meinte, das dürfte kein Problem sein, denn in solchen Geschützständen seien meistens Skizzen mit den eindeutigen Daten angebracht, die nur dem Fachmann etwas sagten. Im übrigen könne man sich dumm anstellen. Dann der Befehl, Notizen nur handschriftlich und für keinen Dritten zugänglich zu machen und persönlich beim I C abzugeben.

Uns kam alles etwas spanisch vor, aber immerhin, man konnte sich einiges denken. Dabei genossen wir die Freiheit, wie Touristen herumzukutschieren durch eine der schönsten Landschaften der Welt, wo wir ob auf deutsche oder für uns befreundete italienische Truppen trafen, gewissermaßen den Grüß-Gott-Onkel eines noch nicht anwesenden Kommandos spielten. Im übrigen kamen wir uns vor wie auf Hochzeitsreise, nur fehlte die passende Braut, und lebten wie der „Herrgott in Italien". Dann hieß es plötzlich „Achtung, der Oberbefehlshaber ist eingetroffen". Bis dahin war der Name „Gekados" geheime Kommandosache, aber Gerüchte sprachen vom „Wüstenfuchs". Eines Tages hieß es „Lindschau zum OB, Kamera mitbringen". In den Nachrichten war durchgekommen, daß Feldmarschall Rommel vom Führer die allerhöchste Auszeichnung der großdeutschen Wehrmacht, die Brillanten zum Ritterkreuz mit Eichenlaub und Schwertern, erhalten hätte. Er würde sie heute zum ersten Mal tragen. Ich sollte die erste Aufnahme mit meiner „Plaubel Macina" machen. Mir war ziemlich mulmig zumute, ich war froh, daß auch Fehdmaer mit der „Ariflex" dabei war. Wie macht man vorschriftsmäßige Ehrenbezeugung mit Gerät? Nachdem wir einen Augenblick gewartet hatten, plötzlich eine für ein so hohes Tier freundliche Aufforderung: „Na, Ihr seid auch schon da? Dann mal los. Fragen gibt es keine, alles streng geheim, auch wenn's die Spatzen von den Dächern pfeifen. Stehen Sie bequem!" Wir durften die ersten Aufnahmen im Hauptquartier der jüngsten Heeresgruppe der deutschen Wehrmacht machen, die es offiziell noch nicht gab. Rommel: „Noch totale Nachrichtensperre, aber Ihr werdet Euch wundern." Er zupfte kurz am Uniformkragen, die Brillanten blitzten deutlich, die „Ariflex" summte, der Verschluß der „Macina" klickte. Die Audienz war beendet. Nur der I C-Oberst fragte nach unseren bisherigen Eindrücken. Zu einer Geschützstellung war ich bislang noch nicht gekommen. Die nächste Fahrt sollte an die Ligurische Küste führen. Dort wird man sehen.

Plötzlich hörten wir schneidend laute Stimmen. Der neue

OB der Heeresgruppe, die es offiziell nicht gab, stauchte ein paar italienische Offiziere unter voller Ausnutzung seines hohe Dienstgrades ordonanzmäßig zusammen. Was sie sich einbildeten, ein Umzug der Kommandantur käme überhaupt nicht in Betracht. Die Kinder könnten anderswo unterrichtet werden oder weiter Ferien machen. Er verbäte sich jegliche Einmischung oder Störung von ihm angeordneter Maßnahmen. – Es sollte noch einige Tage dauern, bis wir das Ganze begriffen. Der zur Begründung vorgebrachte Termin des Schulbeginns sollte der 8. September sein. Ein für Italien und die weitere Kriegsentwicklung entscheidendes Datum.

Ein Umzug des Hauptquartiers kurz vor dem Termin hätte die Lage zusätzlich kompliziert. Anscheinend hatte der Wüstenfuchs den Braten, den man ihm mit den größeren Bequemlichkeiten des angebotenen Quartiers schmackhaft machen wollte, gerochen.

Kriegsfilmer Walter Fehdmer, bekannter Kameramann der UFA, mit der berühmten Ari-Flex-Kamera und dem Autor.

Gefangen bei Freunden

Wir waren noch einmal auf Erkundungsfahrt – diesmal im Raum Genua. Ich hatte inzwischen bei Freundschaftsbesuchen Informationen über sechs befestigte Küstenbatterien gesammelt.Viel Staat konnte man mit ihnen bei einem Landemanöver einer modernen Flotte mit Schlachtschiffen sicher nicht ausrichten. Bei einer telefonischen Meldung im Stab hieß es nur, „sofort abbrechen und in Garda melden". Wir trafen am frühen Nachmittag ein. Für mich lag ein Einsatzbefehl vor: „Mit dem Nachtzug nach Rom, dort auf der Kommandantur melden!" Die Papiere waren bereit, ein Fahrer sollte mich gegen 20 Uhr an den Nachtzug in Verona bringen, es gab weder Zeit noch Gelegenheit zu Rückfragen.

In Verona verstand ich die Welt nicht mehr. Die Stadt ein einziger Hexenkessel. Tausende auf den Straßen schrieen, sangen, tanzten und immer wieder der Schrei „Pace-Pace". Männer und Frauen klopften an die Windschutzscheibe. Schrieen Unverständliches, einige winkten freundlich, andere schüttelten drohend die Fäuste. Wir schafften irgendwie das kurze Stück zum Bahnhof. Die Streife auf dem Bahnsteig für den Fernzug Rom wußte nichts: „Die Makkaronifresser spielen mal wieder verrückt. Was soll's, steig ein, dein Zug fährt gleich, Befehl ist Befehl!"

Ich hatte mein Gepäck kaum verstaut, da ruckte der FD München–Rom schon an, draußen begann die Dunkelheit. Im Abteil nur Italiener, alle wirkten verstört, keiner schien dem andern zu trauen. Was war nur los? Drei- oder viermal hielt der Zug, wie es schien auf normalen Stationen, das Abteil wurde leerer, irgendwann muß ich eingeschlafen sein. Plötzlich hielt der Zug, wie bei einer Notbremsung. Eine herrische Stimme, dem Klang nach eines Italieners, brüllte:

„Alle Deutschen bei der Lokomotive sammeln, Gepäck mitnehmen!"

Aus den Waggons kletterten mühsam übernächtigte Gestalten, einige stürzten, weil sie in der fahlen Morgendämmerung nicht bemerkt hatten, daß wir auf freier Strecke ohne Bahnsteig hielten. Die Kommandostimme forderte uns auf, neben dem Gleis uns auf einem freien Platz zu sammeln. Dann erfuhren wir, was los war: Nach dem Sturz Mussolinis mache die neue italienische Regierung von ihrem souveränen Recht Gebrauch, mit den Feinden von gestern Verhandlungen aufzunehmen, um Frieden zu schließen. Das bedeute, daß die bisherigen Bundesgenossen entwaffnet und interniert würden. Wir sollten uns in die Lage fügen. Dann würde uns nichts geschehen. Zunächst sollten wir unsere Waffen abgeben, dann würden wir von seinen Leuten erfaßt und im nahen Lager Monte Rotondo interniert werden. Damit alles seine Ordnung habe, würden jetzt einige Offiziere unsere Papiere prüfen und ordnungsgemäße Listen erstellen. Vorläufig möchten wir auf einem neben dem Gleis liegenden Platz Aufstellung nehmen. Er warte nur auf Offiziere, die korrekt deutsch sprächen. So lange müßten wir uns gedulden. Nachher würden wir im Lager unser Frühstück bekommen. Inzwischen kam die Dämmerung auf.

Wir schauten uns verdutzt an, keiner vermochte die Lage klar zu übersehen. Dann flüsterte ein Kamerad hinter mir: „Ihr müßt helfen, ich bin OKW-Kurier, mit dem neuen Maschinenschlüssel. Der muß auf alle Fälle vernichtet werden, sonst gibt es ein Riesenschlamassel." Es war ein dicker Ordner, den wir hinter dem Rücken der ersten Reihe verteilten und vorsichtig, möglichst unauffällig, zerrissen und davonflattern ließen, ehe es voll hell wurde. Zum Glück waren unsere bisherigen Freunde und jetzigen Bewacher selbst im unklaren, was sie tun sollten. Sie hatten nur Auftrag, zu verhindern, daß jemand davonliefe.

Das wichtigste Geheimmaterial für die Kommandantur Rom hatten wir gerade zerflattern lassen, als der Befehl zur korrekten Aufstellung kam. Plötzlich fiel mir siedendheiß ein, was neben meinem Soldbuch in der Brusttasche versteckt war: Vier Blatt Briefpostpapier mit der Aufstellung der Geheimdaten der italienischen Küstenbatterien im Raum Genua-Livorno. Was tun? Wenn man sie mir abnahm, war eindeutig, daß ich bei bisherigen Freunden spioniert hatte. Was dann folgen würde, durfte man sich ausmalen. Es durfte also keiner merken, daß ich Papiere verschwinden ließ. Ich duckte mich hinter meinen, Gott sei Dank, breitschulterigen Vordermann, paßte höllisch auf, daß niemand sah, was ich machte, und würgte das Papier, stückweise gut durchgekaut, herunter. Nie hat mir ein „Frühstück" schlechter geschmeckt, aber nie war ich so erleichtert, nachdem ich es heruntergewürgt hatte. Gerade war der Rest verschwunden, da kam unsere zweite Reihe zum „Filzen" dran. Wir wurden abgetastet, ob wir am Körper noch irgendwelche Waffen hatten, die wir vorher nicht abgelegt hätten. Das Feldbesteck gehörte ebenso dazu wie das weltberühmte Schweizer Offiziersmesser. Dem allem weinte ich keine Träne nach. Daß meine kostbare Plaubel Macina, die ich von meinem ersten Redakteursgehalt teuer genug erstanden hatte, als Wehrmachtsgut trotz meines Protestes beschlagnahmt wurde, habe ich den Freunden von einst nie verziehen . . .

Nach einer knappen Stunde Wartens durften wir vom Oberst bis zum letzten Gefreiten in Dreierkolonne antreten zu einem halbstündigen Marsch, der vor der Torbaracke eines großen Zeltlagers endete. Hier wurden wir nach der Liste unserer Soldbücher nochmals registriert und dann in ein komfortables Zelt geführt, wo es ein äußerst gepflegtes Frühstück gab. Man sah ihm an, daß es nicht für uns, sondern für die „Nobelgäste" dieses Gefangenenlagers gedacht war, vorwiegend britische und amerikanische Offiziere, die, wie wir bald erfuhren, über Nordafrika abgeschossen worden waren oder bei El Alamein in deutsch-italienische Gefangenschaft geraten waren und auf dem Umweg über die Schweiz von ihren Heimatländern „standesgemäß" betreut wurden. Noch heute imponiert mir, in welch korrekter Form dies Lager geführt wurde und mit welch selbstbewußter Haltung diese Gefangenen ihr Los ertrugen. Als am Nachmittag eine kleine Gruppe von englischen Piloten aus dem Lager geführt wurde, hatte man den Eindruck, daß ihre Lordschaften einen Jagdausflug vor hatten, und die Posten hinter ihnen ihre waffentragenden Diener waren . . .

Wir erhielten ein kleineres Zelt abseits des großen Hauptlagers als Quartier zugewiesen. Für die 21 Hanseln reichte das Gästequartier für Offiziere. Es befand sich zwischen dem eigentlichen Lager und der Hauptwache. In diesem Bereich durften wir uns frei bewegen, wurden gut versorgt, bekamen am Abend durchaus trinkbaren Chianti und waren eher Gäste als Gefangene. Ein junger italienischer Tenente war unser Betreuer und versicherte uns hinter vorgehaltener Hand, daß er Leutnant der faschistischen Miliz, also „so wie eure SS" war, daß die ganze Situation den meisten Offizieren äußerst peinlich sei, daß sie hofften, daß sich die Lage bald klärte und die Mussolini-treuen Verbände auf unserer Seite blieben. In Rom gäbe es Kontakte mit den deutschen Truppen im Norden, der neuen Gruppe Rommel und im Süden mit dem OB Südwest, Marschall Kesselring. Zur Zeit sei aber alles unklar, nur irgendwas sei in der Luft und deshalb brauchten wir uns keine Sorgen zu machen. Er würde mit uns Kontakt halten und uns, falls nötig, zu treu gebliebenen Miliztruppen in der Nähe hinführen. Es gäbe aber Bestrebungen, die 2500 britischen und amerikanischen Gefangenen zu bewaffnen und mit den abgefallenen italienischen Verbänden zu vereinen. Soweit ging es uns gut, bis auf die Ungewißheit, denn authentische Nachrichten gab es nicht . . .

Chaos in Rom

Am dritten Tag nach unserem Einzug in das Zeltlager am Fuße des Monte Rotondo spitzte sich die Situation immer mehr zu. Dann tauchten über uns Wehrmachtsflugzeuge auf, aber was los war, sagte uns niemand. Nur, es wurde deutlich, daß sich die Stimmung verändert hatte. Unser Gewährsmann flüsterte etwas von einer neuen Kapitulation, diesmal gegenüber den Deutschen. Er werde Erkundigungen einziehen. Dann plötzlich sagte er, wir sollten einfach abhauen. Niemand würde uns aufhalten, und in einer Stunde führe ein ganz normaler Vorortzug von Monte Rotondo zum Bahnhof Termini Rom. Den sollten wir benutzen. Niemand würde uns hindern oder nach Fahrkarten fragen. Die Jüngeren gingen das Risiko ein. Die älteren Stabsoffiziere wollten abwarten. Ein knappes Dutzend machte sich auf den Weg, ortskundiger Führer und Dolmetscher war ausgerechnet der Schlafwagenschaffner der Mitropa, der mit uns aus dem Zug geholt worden war. Eine knappe halbe Stunde Fahrt, dann waren wir auf dem Hauptbahnhof. Das einzige, was wir wußten: In der deutschen Botschaft in Rom sollte es eine provisorische Kommandantur geben. Aber wie dahin kommen?

Auf dem Bahnhofsvorplatz herrschte absolutes Chaos. Menschen schrieen, keiner wußte etwas. Ein deutscher Militär-Lkw hielt kurz an. Aber, irgendeine Schußwaffe abzutreten, daran dachten die „Kameraden" nicht. Nur: „Fahrt zur Botschaft, das ist der einzige Platz, wo man sich sammelt. Wir müssen weiter." Guter Rat war teuer. Langsam wurde es mulmig, vor allem eine Gruppe italienischer Frauen, die eher nach Pöbel und Rotlicht aussahen als nach „Damen der Gesellschaft", pöbelte uns an. Man versuchte, uns zu bestehlen. Für mich zitierte ich im stillen Schiller „da werden Weiber zu Hyänen". Zu deutsch, ich bekam tatsächlich Angst, zumal auch der dolmetschende Schaffner nicht verstand, was man eigentlich von uns wollte. Dafür verhandelte er mit einem Gemüsehändler, der seinen Dreirad-Laster zu unserem Abtransport anbot.

Für 10000 Lire wollte er die Fahrt zur Botschaft riskieren. Das entsprach damals knapp einem Tausender, den wir schnell zusammenbrachten. Er bekam das Geld und die unmißverständliche Drohung, daß beim geringsten Abweichen vom direkten Weg der große Deutsche, der hinter ihm auf der Ladefläche hockte und seine Hände bedrohlich um seinen Hals legte, zudrücken würde. Ich machte ein entsprechend böses Gesicht, und zitternd startete er das Dreirad mit „molta paura", entsetzlich viel Angst. In knapp zehn Minuten hielten wir vor dem verschlossenen schmiedeeisernen Doppeltor des Botschaftsparks. Vornehm war sie, die deutsche Botschaft. Ein paar „Kettenhunde", wie wir Landser die deutschen Feldgendarmen nannten, hielten Wache, prüften unsere Papiere und ließen uns dann herein. Drinnen ihr Spieß ohne große Umstände: „Ihr untersteht unserem Kommando ohne Rücksicht auf Dienstgrade. Auf dem Rasen vor dem Gebäude liegt ein Haufen Schießzeug, bedient euch mit Waffen, die ihr kennt. Dann in zehn Minuten hier antreten. Wir müssen in die Innenstadt!" Jeder suchte sich, womit er umgehen konnte. Alles italienische Beute. Die meisten trauten den italienischen Karabinern und Maschinenpistolen nicht recht und griffen zur bekannten Beretta-Pistole. Dann fuhr ein Lkw vor, und ab ging die Post. Auf einem offenen Platz zwischen Botschaft und Bahnhof stand ein Häuflein deutscher Soldaten wie vorher wir, unbewaffnet, irgendwo auf einem Bahnhof aufgegriffen und bedrängt von wild gestikulierenden Zivilisten. Befehlsgemäß ballerten wir dreimal in die Luft. Dann brüllte unser Feldwebel etwas auf italienisch. Die Italiener verdrückten sich in Seitengassen. Die etwas verschüchterten Kameraden kletterten auf den Lkw, und zurück ging's zur Botschaft. Zwei, drei ähnliche Einsätze verliefen genauso harmlos, bis gegen Mittag ein größeres Kontingent regulärer deutscher Soldaten vom Stadtrand her mit Lkw und drei Schützenpanzern die Botschaft rundherum abriegelte und Ordnung in das Chaos brachte. Sie hatten sogar Kaltverpflegung für die Versprengten und die paar Botschaftszivilisten, die sich auf dem Gelände befanden.

74

Endlich erfuhren wir, was passiert war: Über unseren Köpfen im Lager Monte Rotondo, oben, wo ein alter Festungsbereich als Spezialgefängnis diente, war Oberst Skorzenny unter dem Schutz von Kampffliegern mit dem Fieseler Storch gelandet und hatte den Duce Benito Mussolini aus seinem Gefängnis befreit. Kaum war diese Botschaft über Rundfunk verbreitet, kapitulierte ein erheblicher Teil der italienischen Verbände, soweit sie nicht einfach auseinandergelaufen waren, gegenüber den aus Nord und Süd heranrückenden deutschen Verbänden. Die aus Nordafrika über See herangerückten Engländer und Amerikaner, die auf Sizilien bereits gelandet waren, rückten erst von Süden vor. Im übrigen herrschte Chaos. Wer wirklich regierte, ob Mussolini, der König oder die von ihm eingesetzte Regierung, das wußten die Beteiligten anscheinend selber nicht . . .

Auf alle Fälle: Die in Rom stationierten italienischen Truppen verhielten sich neutral und warteten in ihren Kasernen, deren Eingänge sie verbarrikadiert hatten, ab, was jetzt wirklich geschehen würde. Von Nord und Süd rückten deutsche Verbände vor und bauten eine neue Truppenstruktur auf, während auf höchster Ebene neu verhandelt wurde.

In der Botschaft entstand eine provisorische Standortkommandantur und eine ebenso provisorische diplomatische Vertretung, die nicht zuletzt auch mit dem Vatikan Verbindung aufnahm. Ich war bis die aus Afrika herübergekommene Propagandakompanie, die irgendwo im Anmarsch war, der einzige WPR (Wehrmachtpropaganda)-Vertreter von „Dr. Göbbels schönster Truppe" und sollte an diesem historischen Tag meinen ersten Berichtereinsatz vollführen. Über Kabel der Botschaft kam die Aufforderung, einen Eilbericht über den sensationellen Selbstmord des obersten Kommandeurs der königlichen Flotte bis 18 Uhr nach Berlin durchzugeben. Was tun? Ich hatte keine Ahnung und keine neue Information. Die Botschaft besaß eine Personalkartei über die Spitzen der verbündeten faschistischen Truppen. Und daraus ergab sich, daß er tatsächlich der dienstälteste Großadmiral war. Es stand jedoch nirgends etwas über seine Rolle beim

Sturz Mussolinis und bei der Übergabe der Mittelmeerflotte an die Alliierten.

Auf einer Botschafts-Schreibmaschine entwarf ich schnell eine rührende Würdigung des Ehrenmannes, der angesichts der Schande des Vaterlandes, das seinen Verbündeten verraten hatte, die Konsequenzen gezogen hatte. Irgendwelche aktuelle Information gab es nicht. Der leicht rührende Bericht lief nach den Abendnachrichten über den großdeutschen Rundfunk. Am nächsten Morgen kam ich mir sehr komisch vor, denn die römische Presse berichtete in großer Aufmachung, daß der „Oberverräter" sich selbst gerichtet und damit dem drohenden Prozeß wegen gemeinem Landes- und Hochverrats entgangen sei, der sicher mit dem einem „Verräter" zukommenden Tod durch den Strang geendet hätte. – Es sollte mir eine Lehre sein, vorschnell moralische Urteile zu fällen. Aber in diesen Tagen des totalen Chaos fiel weder dieses noch anderes auf, und schon gar nicht bei dem Hin und Her des Verhältnisses zwischen ehemaligen Verbündeten, die sich dann gegenseitig zu Gefangenen machten und bald wieder Verbündete sein würden, die sich diesmal „unverbrüchliche ewige Treue" schwören sollten. – Allerdings galt das nicht für alle italienischen Soldaten. Allzu viele, die die Chaostage benutzt hatten, um unterzutauchen, sollten später unsere erbitterten Feinde in Partisanenverbänden oder noch gefährlichere Heckenschützen werden. Daß ich bald selbst deren Opfer werden sollte, konnte ich nicht ahnen . . .

Neapel sehen . . .

Endlich sollte ich an mein richtiges Ziel kommen, mich bei der zuständigen Propagandatruppe melden. Es war die „Panzer PK Afrika", die mit dem Rest von Rommels Expeditionskorps aufs Festland überführt worden war. In erstaunlich kurzer Zeit hatten sich die verschiedenen Verbände unter dem neugebildeten Kommando „OB Südwest" des Feldmarschalls Kesselring organisiert. Viel Zeit war nicht gewesen, denn von Süden her drückten die Alliierten vom „Stiefel" bis zum Norden und niemand konnte sagen, wann wo neue Landungen diesmal auf dem Festland erfolgen würden. Genügend Flottenkräfte hatten sich im Mittelmeer gesammelt. Der Standort für die PK war zunächst Frascati. Aber als ich von Rom aus dorthin Transportgelegenheit hatte, war gerade der schwere Bombenangriff auf dies Zentrum edler Weißweine erfolgt und die PK hatte ihren ersten Festlandseinsatz: Die unersetzlichen Schätze der nach Frascati evakuierten Vatikan-Bibliothek zu retten und zu sichern. Zum Dank wurde uns eine Audienz beim Heiligen Vater versprochen. – Leider wurde dem Propagandasoldaten die Genehmigung dazu nicht erteilt. Andere Wehrmachtsangehörige hätten da keine Schwierigkeiten gehabt.

Kaum hatte ich den Papierkrieg der Eingliederung in meine neue Einheit erledigt, mich kurz bekannt gemacht bei den Kameraden, bei denen Dienstgrade und Dienstfunktionen reichlich durcheinander waren. Am bekanntesten war der junge Poet „Bibo" (Rudolf Hugestange) . . . Sein erster poetischer Beitrag auf italienischer Erde war eine köstliche „Eselsballade", zu der ein bekannter Kriegsmaler schmissige Zeichnungen beigetragen hatte.

In diese Eingliederungspause – wir waren wegen der Bombardierung Frascatis ins benachbarte Grotta Ferrata umgezogen, dessen besondere Spezialität ein hervorragender süffiger Roter war, von dem reichlich Gebrauch gemacht wurde – platzte die Nachricht vom Versuch der Amerikaner, im Golf von Salerno eine den Rückmarsch der deutschen Truppen überholende Landung zu versuchen. Zusammen mit einem Luftwaffenleutnant als Bildberichter wurde ich zum ersten Einsatz kommandiert. Der Kamerad war zugleich der Kradfahrer, da er bisher nur Erfahrungen als Jagdflieger gehabt hatte, sollte ich den Einsatz führen, zumal ich für Erdeinsätze über reichlich Kampferfahrung in Rußland verfügte. Überstürzt kletterte ich in das Beiwagen-Krad, und ab ging die Post in Richtung Süden. Diese einsame Fahrt – zwischen Grotta Ferrata und Salerno gab es keine deutschen Verbände – führte durch eine herrliche Spätsommerlandschaft. Überall leuchteten großbeerige blaue Trauben aus dichtem Weinlaub beiderseits der Straßen und über allem zur Landseite hin stattliche Berge und nach Westen ließen Himmelsbläue und Kumuluswolken das nahe Meer ahnen. Am frühen Abend sahen wir ein Straßenschild, das die Abzweigung „Napoli" ankündigte. Dort würde es kaum Schwierigkeiten mit Unterkunft bei der örtlichen Kommandantur geben. Sollen wir oder sollen wir nicht? Mein Bildberichter freute sich auf den touristischen Leckerbissen „Neapel". Ich drängte weiter, denn wir sollten auf alle Fälle am nächsten Tag unseren Einsatzort erreichen. Aber da war noch etwas anderes:

Ich hatte seit Beginn des Krieges weder bei Luftangriffen in Deutschland noch bei den teilweise sehr heftigen Kämpfen während des Rußlandfeldzuges 1941 jemals ein Gefühl von Angst gehabt. Ich kam mir nicht tapfer vor, aber war mir irgendwie sicher, daß nichts passierte. Und bei den Kameraden der Artillerie galt ich als „kugelfest", was natürlich Unsinn war. Und jetzt das Straßenschild, das die Möglichkeit gab, eine der berühmtesten Städte der Welt zumindest für eine Nacht zu erleben, aber irgendwo krampfte sich etwas in meiner Brust zusammen, klang mir im Ohr plötzlich jener historische Spruch aus Römertagen „Neapel sehen und sterben". Ich traute mich nicht, das dem Kameraden zu sagen, um mich nicht lächerlich zu machen, sondern drängte nur zur Weiterfahrt.

Erst gegen Mitternacht wickelten wir uns in unsere Decke und eine Zeltplane ein und schliefen unter italienischem Sternenhimmel, vor dem sich das Gezweig von Olivenbäumen wie Scherenschnitte abzeichnete.

Noch vor Tau und Tag stiegen wir aufs Krad und jagten weiter nach Süden. Vor Mittag noch bogen wir nach Westen ab, dem Ortsschild „Salerno" folgend. Hier wurden wir eingewiesen in die Situation, die sich, nachdem wir aus dem Schatten einer Bergkette herausgefahren waren, mit immer stärker werdenden schweren Detonationen deutlich abzeichnete. „Vor dem nächsten Dorf biegen Sie rechts ab und fahren soweit es geht den Hang rauf. Von dort können Sie den Landungsversuch wie auf einer Opernbühne beobachten. Alles andere sehen Sie selber", sagte uns ein älterer Major. Er hatte nicht zuviel versprochen:

Unter unseren Füßen der weite Golf von Salerno, um den wie ein Hufeisen eine Bergkette sich herumlegte. Im Mittelpunkt unten der Ort Salerno, von dort herauf eine einzige Straße, auf der wir gekommen waren. Nach unserer Schätzung durften die Berge zwischen 1200 und 1800 Meter erreichen. Nirgends ein deutscher Soldat zu sehen. Dafür im Abstand von wenigen Kilometern drei schwere Kriegsschiffe mit einigem Begleitschutz, dahinter anscheinend einige Transporter. Alles gegen den westlichen Himmel, an dem sich langsam die Sonne senkte. Gerade war Feuerpause und einige Boote mit Infanteristen näherten sich dem Land. Immer noch kein deutscher Soldat zu sehen. Die Infanteristen stürmten die Höhe hinauf und mochten knapp 1000 Meter vom Ufer entfernt sein und 500 Meter Höhe erreicht haben, als aus mindestens einem Dutzend auch für uns versteckter Stellungen plötzlich die „Todessägen" loslegten. Das berühmte Maschinengewehr 42 hatte hier einzigartige Möglichkeiten im Duell mit Superkalibern von 38-Zentimeter-Schiffsgeschützen. Von See her waren die MG-Nester der Fallschirmjäger, die hier als erste Abwehr eingeflogen worden waren, weder zu sehen noch exakt einzumessen. In unseren Feldstechern konnten wir die Kameraden der Luftwaffe deutlich erkennen, genauso die Feuerstöße ihrer Superwaffe und deren verheerende Wirkung auf die Landungs-Stoßtrupps der Amerikaner. Die Schlachtschiffe reagierten prompt: Salve auf Salve donnerte auf den Hang unter uns und ließ das ganze Bergmassiv erzittern, als hätte Mutter Erde ihren Schlund zu einem schweren Beben geöffnet. Aber im Nordwesten stand über dem sich von unserem Hang abzeichnenden Vesuv nur die übliche völlig ruhige Rauchfahne. Das ganze ein geradezu irrsinniges Schauspiel, das sich bis Einbruch der Dunkelheit mehrfach wiederholte. Die Schiffsartillerie beharkte den Hang, daß man glaubte, daß dort keine Maus am Leben blieb. Die Fallschirmer drückten sich in die Deckung hinter Felsnasen und warteten den nächsten Versuch der Landungstruppen ab. Und wir oberhalb vom Ganzen beobachteten ein militärisches Schauspiel, das für den weiteren Verlauf der Kämpfe in Italien typisch werden sollte. Ein Materialeinsatz sondergleichen, der dennoch nur zögerliches Vorankommen der angreifenden Alliierten ermöglichte. Im Endeffekt aber doch sein Ziel im Schneckentempo erreichte. Noch in der Nacht machten wir uns nach Besprechungen mit dem Einsatzkommandeur auf den Heimweg. Wir hatten vor allem einmaliges Bildmaterial im Kasten. Und ich konnte meinen ersten richtigen Frontbericht in die Maschine klappern.

Im Quartier der PK, wo man uns beglückwünschte zu dem flotten Einsatz, dessen Ernte noch am nächsten Tag per Kurier nach Rom und dann weitergeleitet werden sollte, gab es für mich die wichtigste Nachricht des Jahres. Zur gleichen Stunde, als der Fieseler Storch Mussolini geholt hatte, brachte ein gefiederter rotschnabliger und rotbeiniger Vetter im fernen Norden unsere kleine Tochter auf diese merkwürdige Welt. Das Tauffest wurde mit „Grotta Ferrata" gebührend begossen, und ich jetzt voll in meine neue Einheit aufgenommen.

... und beinahe sterben

Der erste reguläre „Kriegsbericht" vom neuen Schauplatz „Landungsunternehmen Salerno" war gerade abgesetzt, ich hatte Hoffnung, jetzt regulär im neuen „Haufen" Fuß fassen zu können, da kam der neue Befehl. Wir sollten sofort wieder zurück nach Salerno. Schließlich könnte sich hier entscheiden, wie nicht nur der Feldzug der Alliierten in Italien vorangehen würde, sondern auch, ob Churchill hier die Kriegsentscheidung durch den schnellen Stoß in den „weichen Unterleib Europas" suchen werde. „Lindschau, Sie bekommen einen neuen Fotografen und Fahrer mit. Heute nachmittag geht es los. Und passen Sie auf, daß ihrem jungen Kameraden nichts passiert. Er kommt gerade von der Ausbildung und hat keinerlei Fronterfahrungen. Ich verlaß mich auf Sie, daß alles klar geht!" Bei mir meldete sich dann ein etwas bläßlicher und schüchterner Jüngling, dem man ansah, daß ihm nicht ganz wohl bei dieser ersten Fahrt direkt ins Kampfgebiet war.

Ich hatte mir vorgenommen, noch in der Nacht bis Caserta zu fahren, dort zu übernachten, um im Morgengrauen beim Einsatzstab Salerno einzutreffen. Dort würden wir auch Verpflegung fassen. Der junge Kamerad erwies sich als ausgezeichneter Kradfahrer, ich konnte im Beiwagen vor mich hin dösen, bis wir kurz vor Mitternacht unser Etappenziel erreichten und im Schloßpark neben den berühmten Wasserspielen uns auf dem Parkrasen ausstreckten. Es sollte für lange Zeit der letzte Schlaf ohne schwere Narkotika für mich werden.

Kurz nach Sonnenaufgang fuhren wir weiter, als wir plötzlich auf der Höhe von Neapel auf einen einsatzbereiten Truppenverband stießen. An seiner Spitze ein Kradschützen-Trupp, dessen Leutnant das seltsame Zweigespann im Beiwagenkrad anhielt. Er wollte wissen, was für komische Vögel hier allein durch die Weltgeschichte zogen. Ich wies uns aus als Einzeltrupp der Propagandekompanie auf dem Weg nach Salerno. Aber er ließ uns nicht durch, schickte stattdessen einen Melder zum Kommandeur, der – wie sich herausstellte – 16. Panzergrenadier-Brigade, einem General. Bei dem sollten wir uns melden. Ich erklärte ihm unseren Einsatzbefehl, aber er meinte, sein Einsatz sei viel wichtiger als Salerno und außerdem habe er im vierten Kriegsjahr zum ersten Mal mit Kriegsberichtern zu tun. Sonst hätte er schon längst das Ritterkreuz, meinte er. Und wir seien vereinnahmt.

Was denn los sei, wollte ich wissen, wohin es hier ginge. Dann stellte sich heraus, daß die Einheit gerade frisch von der Ostfront nach Italien verlegt sei. Und ohne jede nähere Einweisung als „Mobiler Haufen" nach Neapel geschickt wurde. Dort sei der Teufel los. Aufstand von Arbeitern und desertierten italienischen Soldaten, die verhindern wollten, daß sie zum Arbeitseinsatz „ins Reich" geschickt wurden. Die Lage für die Kommandantur und das Sicherungskommando für den Hafen und die Nachschublager sei äußerst prekär. Sein Auftrag: die von Aufständischen eingekesselten deutschen Soldaten zu befreien und den Aufstand niederzuschlagen. „Und Sie ordnen sich hinter dem Kradschützen-Trupp an der Tete und dem Stabszug mit den Schützenpanzern ein."

Was sollte man machen? Ich sollte also Neapel sehen, und da ein Einsatzbefehl vorlag, war das kein leichtfertiges Privatvergnügen, sondern zwangsläufig. Wir ordneten uns ein. Mein Fotokamerad machte seine Kameras startklar. Und ab ging die Fahrt nach Neapel. Jeden Augenblick konnte etwas passieren. Auf der breiten Zufahrtstraße entdeckte ich eine Rotkreuzflagge und ein Transparent „Hauptverbandsplatz". Diese Wahrnehmung hat mir wahrscheinlich das Leben gerettet. Zunächst aber rollten wir mit mittlerem Tempo gen Neapel, dessen Türme sich am Horizont abzeichneten, während an der Seite zunächst noch kleinbäuerliche Dorfsiedlungen sich aufreihten. Dann wurde es vornehmer. Hinter stattlichen Mauern mit handgeschmiedeten Toren, durch die man vornehme Parkanlagen und stattliche Villen erkennen konnte, zeigten, daß hier die „feinen Leute" Quartier hatten. Über die Mauern hinaus reichten immer wieder die Äste hoher Platanen und anderer Parkbäume. Immer noch war alles ruhig.

Nirgends sah man irgendwelche bewaffnete Menschen, aber auch keine Zivilisten. Irgendwie spürte ich eine seltsame Spannung. Und dann plötzlich knallte es aus heiterem Himmel. Der Leutnant befahl absitzen, Deckung. Ich rief dem Kameraden zu: „Los, in den kleinen Graben rechts und hinwerfen." Zugleich sprang ich selbst vom Sozius, aber ehe ich den Graben erreichte, fühlte ich einen stechenden Schmerz im rechten Bein. Ich versuchte mich in die Deckung zu rollen, als es erneut knallte, diesmal im Baum über mir. Und wieder ein stechender Schmerz im Unterbauch. Noch ein Versuch vorzurollen, dann erfolgte ein Schlag an der linken Hüfte, der mich buchstäblich in die Deckung warf. Es war klar, irgendwo wurde mit vergleichsweise kleinen Granaten auf uns geschossen, die im Baum detonierten.

Mein Fotograf, der zum ersten Mal Pulver roch und so schüchtern ausgesehen hatte, zeigte sich erstaunlich entschlossen und riß mich voll in die Deckung. Dabei wurde der Blick frei auf ein Haus, auf der linken Straßenseite, an der es keine Villenbebauung gab. Aus dem Obergeschoß blitzte es heraus, und gleich darauf wieder eine Explosion in dem Baumwipfel. Von dort erfolgte vermutlich durch Granatwerfer der Überfall. Ich rief noch den Kradschützen, die ihre PAK in Stellung gebracht hatten, zu, woher das Feuer kam. Unmittelbar darauf der Abschuß, und von dem Fenster war nichts mehr übrig. Von dem Partisanen vermutlich auch nicht. Danach war ich zunächst ohne Bewußtsein. Das Feuer hatte aufgehört. Zwei Sanitäter bemühten sich um den inzwischen hilflosen unfreiwilligen Gast der Panzergrenadiere. „Dich hat's schwer erwischt", meinten die Sanis. Irgendwo in der Hüfte mußte eine größere Ader zerrissen sein. Die Uniform troff von Blut. „Der muß sofort zu einem Verbandsplatz, sonst ist nichts zu machen", hörte ich und war plötzlich hellwach. Hauptverbandsplatz hast du doch gesehen, sagte ich mir. „Ist das Krad fahrbereit?", fragte ich meinen Kameraden. „Geht!", die Antwort. „Könnt ihr mich auf den Beiwagen binden?", fragte ich die Sanitäter, „dann schmeißt irgendetwas rein zu unseren Decken!" So geschah es. Innerhalb von Minuten war ich festgezurrt auf dem Beiwagen, und wir brausten mit Höchstgeschwindigkeit zurück. Es mochten zwei Kilometer gewesen sein, bis ich wieder die Rotkreuzflagge sah, und man mich auf einer Trage in den Verbandsraum brachte. Dort war man an sich dabei, abzubrechen und Anschluß an die nach Neapel einrückende Truppe zu finden, die, wie man deutlich hören konnte, in schwere Kämpfe verwickelt war.

Ein junger Stabsarzt versuchte als erstes die große Blutung abzubremsen, ehe man die Reste der zerfetzten Uniform vom Unterkörper wegschnitt. „Ich muß operieren", meinte der Arzt, „das sieht übel aus. Wenn ich die Blutung gestoppt kriege, daß wir Sie transportieren können, haben Sie eine Chance." Die nächste halbe Stunde – oder war es länger – war nach zwei schweren Morphiumspritzen durch einen Dämmerzustand bestimmt, in dem immer wieder akute Schmerzattacken auftraten, wenn Scheren, Skalpell und Klemmen eingesetzt wurden, um eine Menge Splitter aus Beinen, Hüfte und Bauchdecke herauszuholen, Klammern und Cutgut die Wunden schlossen. „Ich glaube, wir können Sie jetzt transportieren. Dann sollen die im Hauptlazarett weitermachen. Da Sie bis jetzt alles überstanden haben, haben Sie vielleicht Glück. Ich wünsche es Ihnen", meinte der junge Doktor, als man mich in einen Sanka packte, in dem acht andere Kameraden, allerdings leichtere Fälle, auf den Abtransport warteten. Es wurde eine lange Fahrt bis in ein historisches Gebäude, das Monate später Weltruhm gewinnen sollte. Trotz aller Schmerzen und des Brüllens von Kameraden, deren frische Wunden auf dem Schüttelrost des Behelfskrankenwagens absolute Ruhestellung verdient hätten. Bei mir wirkten die schweren Spritzen der Operation nach. Ich wurde wieder wach am vorläufigen Ziel: Kloster Monte Cassino, in dessen Kellerräumen man versuchte, mich transportfähig Richtung Heimat zu machen. Bei jeder Untersuchung hieß es wieder: „Da er noch lebt, hat er eine Chance." Ich hatte Neapel nicht richtig zu sehen bekommen, darum lebte ich wohl noch . . .

Hommage an Schwester Anna

Es war ein großer Saal. Ringsherum standen, nur durch schmale Gänge getrennt, weiß bezogene Betten. Ich hörte unterdrückte Schmerzensschreie. Wo war ich? – Seit man uns in Monte Cassino verladen hatte, war ich nie ganz da, wußte nicht, was um mich geschah. Nur das endlos lange gleichmäßige Rollen und Stoßen von Eisenrädern auf Schienen, das Stöhnen auf den Betten über und unter mir hatte ich wahrgenommen. Irgendwann hatte jemand mich gefüttert, ein anderer eine Spritze verpaßt. Wie lange das gedauert hatte, ich wußte es nicht. Am Montag, kurz vor der Verladung, war Oberleutnant Molinari von der Propagandakompanie gekommen, hatte im Stahlhelm köstliche frische Weintrauben mitgebracht, dazu einen Beutel mit meinen Privatsachen. Er schien erschüttert über das Wenige, was an mir nicht von Verbänden bedeckt war. Sonst hatte ich nicht viel mitbekommen, dafür hatten die Spritzen gesorgt und das Dämmerlicht im Lazarettzug.

Jetzt war alles hell, an meinem Bett stand eine Frau, deren Bild sich für alle Zeit eingeprägt hat: Oberschwester Anna. „Keine Angst, wir kriegen Sie schon hin, aber was hat man bloß mit Ihnen gemacht?" Eine ebenso feste wie dennoch unendlich weiche, mütterliche Hand legte sich auf meine Stirn. Schwester Anna schien einem Stich von Albrecht Dürer entstiegen: Eine Bauersfrau in Diakonissentracht, die wie ein Urbild der Mütterlichkeit erschien, Liebe, Zärtlichkeit und Strenge zugleich ausstrahlte, Autorität und Mitempfinden. Allmählich kehrte aus dem Dämmerzustand klares Bewußtsein zurück; Ich lebte, ich war in Deutschland in der Heimat und in einem Krankenhaus. Ich hatte eine Chance . . .

Hinter meinem Kopf, am nächsten Bett stand eine Gruppe von Ärzten und Schwestern, und einer diktierte: „Fraktur des rechten Oberarms, Durchschuß am linken Oberschenkel. Beides versorgt bis zur nächsten Visite." Was würden sie bei mir sagen? Es war eine lange Latte, und das Öffnen des durchbluteten Hauptverbandes löste bei den beiden Schwesternhelferinnen Schreckensschreie aus. Eine fiel in Ohnmacht. Wahrhaft erschreckend der Befund: Die noch in Neapel geklammerte Riesenwunde an der Hüfte war während des Transports wieder aufgeklafft und nur durch den Verband teilweise zusammengehalten. Ergebnis: die vielleicht größtmögliche Wundfläche, in deren Mitte die Knochen des Hüftgelenks weißlich durchschimmerten. „Provisorisch abdekken, die Erlanger Kommission soll entscheiden." Die übrigen Verletzungen, der Durchschuß am Unterbauch und die beiden Oberschenkeleinschüsse interessierten nicht weiter, sie waren ja „versorgt". Ich bekam erneut eine Schmerzspritze. „Morgen kommt der Professor, schließlich hat der Patient den Transport überlebt, und damit eine Chance." Was sonst noch geschah, verschwamm im wohltuenden Dämmerzustand . . .

Am Morgen drauf gab es Kaffee und ein frisches Brötchen. Ich schaffte es sogar, selbständig zu essen. Um halb zehn kamen „die Erlanger", eine Gruppe von Fachärzten der Universitätsklinik, an ihrer Spitze der Chirurgieprofessor im Generalsrang. Als Letzter der „Spezialfälle" kam ich an die Reihe. Kopfschütteln, „kaum zu glauben, daß der lebend angekommen ist". Eine gründliche Untersuchung mit viel Medizinerlatein. Meine Frage nach den Chancen wird wieder einmal mit der schönen Formel beantwortet: „Da Sie noch leben, haben Sie eine Chance, aber den Schinken kann man nicht hinkriegen, nachdem die Klammern nicht gehalten haben. Mit dem Laufen gibt es Schwierigkeiten, günstigstenfalls gibt's eine keilförmige Narbe, der gluteus maximus wird kaum wieder funktionsfähig. Erstmals ist nur wichtig, daß es keine Wundinfektion gibt, bei der Größe der Fläche wären wir machtlos."

Dann meldete sich Schwester Anna: „Keine Angst, Herr Lindschau, ich pich Ihnen den Schinken z'ammen, bis es hält, dann können Sie auch laufen." Darauf der Herr Professor: „Schwester Anna, wir wissen, daß Sie von Wundheilung mehr verstehen als wir alle. Aber dies Wunder kriegen auch Sie nicht fertig. Wenn Sie es doch schaffen, dann trete ich Ihnen meinen Professortitel ab." – Er sollte ihn verlieren. Aber bis dahin war ein weiter Weg, an dem zwei Schutzengel standen: Schwester Anna und ein winziges kleines Englein, das im hohen Norden in einer Wiege lag.

Schwester Anna hatte ihre eigenen Rezepte der Wundbehandlung. In meinem Fall ersetzten Pflasterstreifen die Klammern und Fäden. Immer wieder wurden die aufklaffenden Hälften des Gesäßmuskels zusammengezogen, ein Spezial-Salbengemisch wurde alle zwei Tage mit Spachteln dazwischen gestrichen. Und ganz, ganz langsam heilten die Schinkenhälften von unten her „z'amm". Nur der Allgemeinzustand des unheimlich geschwächten Körpers, dessen Lagerung mit einer ganzen Kombination von Kissen fixiert war, damit die Wundflächen spannungsfrei blieben, befand sich wochenlang hart am Rande. Ständig galt es Fieberanfällen zu begegnen. Zeitweilig versagte die Sehkraft, trat Appetitlosigkeit ein, bedurfte der Patient des Zuspruchs, der Versicherung, daß am Ende doch noch ein lebenswertes Dasein stehen könnte. Wenn Verzweiflung drohte, totale Appetitlosigkeit, war zur rechten Zeit immer wieder Schwester Anna zur Stelle, „wir schaffen's, denken Sie an Klein-Hilke".

Das aber war das zweite Englein, jenes, das ich noch nicht gesehen hatte, das exakt zu jener Stunde auf die Welt gekommen war, in der ich aus italienischer Gefangenschaft geflüchtet war. Die Kameraden hatten ihre Scherze gemacht: „Erst hat der (Fieseler) Storch den Mussolini vom Monte Rotondo geholt, dann der Klapperstorch Deine Hilke gebracht."

Das erste Foto hatte mich noch nicht erreicht. Es mußte irgendwo in Italien geblieben sein. Aber das Bild des blonden Babys in der von Meister Meyer passend zu unserer Wilstermarsch-Stube geschnitzten Wiege stand mir immer vor Augen. Mein einziger Wunsch: Dies Bild zu erleben, mein Kind in der Wiege unterm weihnachtlichen Lichterbaum. Das war das einzige Ziel, das mir allnächtlich vor Augen schwebte, ehe ich wieder dank Spritze oder Tablette in einen unruhigen Schlaf versank. Es war der Halt, der mich an diese Welt band. Wiege, Weihnachtsbaum, Kerzen und davor ein Engelsköpfchen. „Irgend etwas ist da, was diesen Haufen Unglück an dieser Erde festhält", haben meine Betreuer oft gerätselt während der über sechs Wochen, in denen es immer wieder fraglich war, ob ich durchhalten könnte. Schwester Anna und ich wußten, was es war: Die Aussicht, daß hinter dem dunklen Tunnel noch einmal Licht sein würde, daß dieser Heimkehrer irgendwo in Norddeutschland von einer jungen Mutter und einem kleinen Englein erwartet würde. Als nur neun Monate später eine feindliche Bombe diesen Traum zerschlug, blieb die offene Frage, war es die Bestimmung des kleinen Engleins, seinen Vater auf dieser Erde festzuhalten? Es bleiben Rätsel und Fragen, auf die es niemals Antworten geben wird.

Unendlich langsam kehrten Lebensgeister, Bewußtsein und Kräfte zurück. Schwester Annas Behandlung bewirkte zusehends Fortschritte. In der zweiten Woche durften meine Eltern kommen. Meine Frau konnte das Baby nicht allein lassen. Und mit dem Telefonieren konnte es auch nicht klappen. Ehe die Eltern – mein Vater hatte nur zwei Tage seine Schule im Stich lassen können – abreisen mußten, rief der Stationsarzt sie in sein Zimmer, am anderen Ende des Saales. Ich entsann mich nicht, wann ich meine Mutter weinend gesehen hatte. Und diesmal sagte dieses Weinen alles. Und eine Stimme sagte mir, daß nicht wahr sein würde, was ihr der Arzt eröffnet hatte. Aber meine Erklärung, daß es bestimmt kein Abschied für immer sei, vermochte sie dennoch zu trösten. Und der Patient wußte es besser als der Arzt. Ich fing an, meine Chancen abzuschätzen: Anlaß zur Resignation gab es nicht. Auch im Rollstuhl würde ich – davon war ich fest überzeugt – eine Familie ernähren können, solange der Kopf in Ordnung war. Und daran zu zweifeln, war kein Anlaß. In Absprache mit dem Arzt begann ich ein systematisches Training, dem immer stärkeren Muskelschwund an den Beinen zu begegnen. Immerhin dauerte es acht Wochen, ehe ich mich aufsetzen konnte, und – welch Triumph – zum ersten Mal an jenen Ort selbständig ging, den selbst der Kaiser zu Fuß aufsuchen muß. Aus dem Patienten wurde zunehmend ein Rekonvaleszent, auch wenn im Gegensatz zur großen Wunde die kleinere am Oberschenkel absolut nicht heilen wollte. Wieder prüften die „Erlanger". Ich hörte von der Gefahr einer drohenden „Osteomelitis", da in der Tiefe der Wunde kein normaler Heilungsprozeß in Gang kam. Eigentlich müßte man amputieren. Ich erklärte vorweg, damit in keinem Fall einverstanden zu sein und unterschrieb, daß ich auf die Gefahr hingewiesen worden sei. Inzwischen bat mich der Chefarzt, mich um die neuen Patienten zu kümmern. Es gäbe wenig vergleichbare Fälle, zu beweisen, wieviel ein Patient selbst tun könnte, die Heilung auch in verzweifelten Fällen zu fördern. Wie hilfreich es sei, wenn er statt nur zu jammern versuche, das Beste aus seiner schwierigen Situation zu machen. Ich könne so was ähnliches wie ein weltlicher „Lazarettpfarrer" sein, zumal ich noch Monate zur weiteren Heilung bleiben müsse. Ich habe es versucht. Es gab unendlich viele Gespräche, wenn frischer „Nachschub" von der Front kam. Das schwierigste Problem waren immer wieder die Beinamputierten. Da wurde Freund Max geholt und nicht zuletzt Schwester Lotti, heute würde man sagen „Miss Lazarett", die Traumfrau aller Patienten. Dazu mußte Kalle das Schifferklavier mitbringen. Und wenn Lotti mit Max einen Walzer hinlegte, kam die Frage, ob der vor sich hin Stöhnende etwas Besonderes bemerkt hätte. Er hatte nicht. Jetzt zog Kalle den rechten Schuh aus, in dem das Kunstbein bis über Wadenhöhe steckenblieb. Noch größer wurde das Erstaunen, wenn links dasselbe erfolgte. „Man muß kein hilfloser Krüppel sein, wenn man einen Fuß verliert. Max tanzt mit der Lotti, obwohl sie ihm beide Füße weggeschossen haben. Da wirst du es doch wohl auch schaffen wieder zurecht zu kommen, mit nur einem Kunstbein." Solche und ähnliche Vorstellungen und immer wieder lange Gespräche haben manchem über die Depression nach frischer Verwundung hinweg geholfen. Es gibt wenig in einem langen Leben, was mich mehr befriedigt hat als jene Erfolge in den Wochen, nachdem ich selbst die große Krise überwunden hatte.

Und dann kam Weihnachten. Würde sich der Traum erfüllen, der mich über ungezählte Abgründe hinweg getragen hatte. Dürfte ich vor der Wiege unterm Tannenbaum meinem kleinen Engel ein Weihnachtslied singen? – Das rechte Bein war immer noch nicht zugeheilt. So könne man den Patienten nicht reisen lassen, auch wenn er mit Krücken gehen könne, hieß es bei einer entscheidenden Visite. Aber mein behandelnder und inzwischen zum Freund gewordener Facharzt traute mir die Reise durchaus zu. „Sie bleiben hier für die Weihnachtsfeier und machen das Programm. Wenn Sie das können, laß ich Sie fahren. Aber nur gegen das Ehrenwort, garantiert vor Dreikönig wieder da zu sein. Ich weiß, was das für Sie bedeutet von Schwester Anna, daß Sie ohne den Weihnachtstraum nie durchgehalten hätten." – Er riskierte damit einiges, aber alles ging gut. Ein Traum erfüllte sich. Ein Weihnachtswunder, das man nie vergessen kann. Was danach noch im Lazarett geschah, war Routine, die unendlich viel Zeit brauchte, bis auch der letzte Verband endgültig in der Mülltonne landete. Ein Soldat, zunächst noch mit Krückstock, meldete sich zurück, ohne den Rat zu befolgen, für den Rest des Krieges zu Hause zu bleiben. Als OKW/WPr mir anbot, beim Zeitungstrupp des alten Haufens in Rom mitzumachen, gab es keinerlei Bedenken . . .

Auch eine Art römische Elegien . . .

Mein Genesungsurlaub endete um die Monatswende März/April 1944. Als Zivilist meldete ich mich bei der Propaganda-Ersatzabteilung in Potsdam, wo man mich in einen Soldaten zurückverwandelte. Daß ein Krückstock nur bedingt zur Unteroffiziers-Uniform paßte, störte niemanden, nur mich selbst. „Fahren Sie nach Berlin und melden Sie sich bei Hauptmann Wüst im Bendler-Block", jenem Komplex des Oberkommandos der Wehrmacht, der wenige Monate später traurige Berühmtheit bis auf den heutigen Tag bekommen sollte: Hier wurden unmittelbar nach dem Scheitern des Attentats die führenden Generale des 20. Juli erschossen. Hauptmann Wüst kam dem jungen Unteroffizier kameradschaftlich entgegen. Er wußte genau über die Verwundung und deren Umstände Bescheid. „Sie haben genug durchgemacht. Für Fronteinsätze habe ich Sie gesperrt. Aber bei der „Südfront", der Zeitung für den Gesamtbereich OB Süd-West, fehlt ein Feuilleton-Redakteur, und in Italien ist es besonders wichtig, daß die Truppe weiß, welch kulturhistorischen Boden wir dort verteidigen. Der Oberbefehlshaber legt großen Wert darauf, daß der Truppe die Rolle, die Italien für unsere Geschichte und die europäische Kultur über zwei Jahrtausende hinweg gespielt hat, bewußt wird. Darum haben wir in Rom eine besonders verstärkte Redaktion für die Soldatenzeitung." Dann erhielt ich von seinem Vertreter eine ganze Reihe von praktischen Hinweisen, was ich brauchen würde und wo ich mich in der „Ewigen Stadt" zu melden habe. Das war damals schon problematisch. Weil Rom gerade zur „offenen Stadt" erklärt worden war und ich einer von den genau abgezählten vierhundert deutschen Soldaten sein würde, die Aufenthaltsrecht in Rom hätten. Es dürfe kein einziger mehr sein. Zum Abschluß rief Hauptmann Wüst mich noch einmal zu sich mit einer Bitte: Ehe ich übermorgen mit dem Fronturlauber Rom vom Bahnhof Friedrichstraße abführe, sollte ich bei OKW-WPR ein Kurierschreiben für die „Südfront"-Redaktion abholen.

Ich konnte nicht ahnen, was dieser Auftrag zur Folge haben sollte. In Potsdam traf ich einen Kollegen im Sonderführer-Rang, der ebenfalls am übernächsten Tag nach Rom reisen sollte. Sein Auftrag: Es sollte in Rom wie in den anderen Heeresgruppen-Bereichen eine neue zentral gelenkte Zeitung mit dem Titel „Front und Heimat" erscheinen, die vom Göbbels-Ministerium für die Gesamt-Wehrmacht herausgegeben und nur regional ergänzt und vor Ort gedruckt werden müßte. Diese Organisation sei unabhängig von den Propaganda-Kompanien der jeweiligen Heeresgruppen.

Ich hatte wegen meiner Gehbehinderung etwas Bedenken wegen der Reise im Urlauber-Zug und meines eher zivilen Koffers, auf dem ich notfalls sitzen konnte. Wie sollte das klappen, wenn ich zwischen Anfahrt mit der S-Bahn und Umsteigen auf den Front-Urlauber zum Bendler-Block sollte? Mein neuer Bekannter meinte, das sei kein Problem, er würde das übernehmen, dann hätte er ein Argument mehr, schon am Vorabend nach Berlin zu fahren und bei seiner Frau und seinem Kind zu übernachten. Das Ganze eine Bekanntschaft von einer knappen Stunde, allerdings mit tragischem Ausgang:

In aller Herrgottsfrühe machte ich mich auf, um pünktlich auf dem Bahnhof Friedrichstraße zur Zugabfahrt zu sein. Ich hockte auf meinem Koffer und versuchte, in dem Gewühl meinen neuen Bekannten zu entdecken. Wir waren beide für ein Kurier-Abteil vorgesehen, so daß wir uns nicht verfehlen konnten. Ich wartete vergebens, ein Feldjäger von der Bahnstreife half mir in letzter Minute ins Abteil. Vom Sonderführer keine Spur. Erst am nächsten Mittag endete der Zug in Florenz. Die Strecke war unterbrochen, aber die Weiterreise nach Rom war geregelt. Mit meinem Sonder-Marschbefehl konnte ich noch am gleichen Tag mit einem Bus weiterfahren und traf todmüde am folgenden Abend in Rom ein.

Bei der Meldung in der Kommandantur wies man mich ins „Albergo Regina" ein, wo ich die künftigen Kollegen der „Südfront" kennenlernte. Das Quartier topfein. Eine Mini-Suite in einem Vier-Sterne-Hotel. So vornehm war ich noch nie gewesen: Kleiner Salon, Schlafraum, Bad und WC. Nur wir Propaganda-Fritzen gehörten nicht zum erlauchten Kreis der Stabsoffiziere, die hier logierten. Am nächsten Tag ging ich mit meinen neuen Kollegen in den Zeitungspalast des „Messagero". Dort hatte die PK Gastrecht für Redaktion, Setzerei und Druckerei.

Ich hatte noch am gleichen Tag Nachricht nach Berlin gegeben, daß weder der Kurierbrief noch sein unplanmäßiger Überbringer im Urlauberzug oder in Rom auffindbar gewesen sei. Als ich am nächsten Morgen meine erste „ Südfront"-Seite gestalten wollte, wurde ich zur Kommandantur gerufen und mit Hauptmann Wüst in Berlin verbunden. Er wollte wissen, warum ich nicht weisungsgemäß vor der Abreise gekommen sei oder mich gemeldet habe. Man sei in großer Sorge, denn am Abfahrmorgen habe es einen Bombenangriff als Einzelaktion auf den Bendler-Block gegeben. Ich erklärte ihm die Situation und daß wir uns hier vergebens bemüht hätten, irgend etwas in Erfahrung zu bringen. Es gab keinerlei Spur des Sonderführers. Wüst daraufhin: „Dann müssen wir umschalten."

Er würde sich wieder melden, ich solle in der Kommandantur warten. Nach zwei Stunden kam der Bescheid: Ich solle statt des Sonderführers „Front und Heimat", Ausgabe Rom, übernehmen. Bei der „Südfront" könne man sich helfen. Für die neue Zeitung sei niemand greifbar. Das Ministerium bestehe aber auf pünktlichen Start in allen Heeresgruppen. Ob ich mir die Aufgabe zutraue?

Natürlich traute ich mir die Aufgabe zu und erhielt die Nachricht, daß ein Beauftragter der Partei-Verlage bereits unterwegs nach Rom sei, um mich einzuweisen, alles Übrige würde mir der Verlagskaufmann erklären. Er würde sich über die Botschaft an mich wenden.

Das Rätsel um das Verschwinden meines Sonderführers klärte sich erst vierzehn Tage später auf. Beim Schuttaufräumen im Bendler-Block fand man die Klappe einer Pistolentasche, in welche die Initialen des Vermißten eingeprägt waren. Seine Gattin konnte sie als letzte Spur eines sorgsam gehüteten Erbstücks eindeutig identifizieren. Im übrigen hätte man an dieser Einschlagstelle des riesigen Bendler-Blocks die Opfer in einem Gemeinschaftsgrab beigesetzt. Daß unter ihnen sich auch ein nicht angemeldeter Besucher befand, hatte niemand bemerkt.

„Roma aeterna", diese beiden Wörter waren mir seit der Untertertia in der „Kaiser-Karl-Schule" in Itzehoe ein Begriff. Sie zierten den Deckel unserer Lateinbücher und ihre Aussage „Ewiges Rom" ist schließlich eine weltweit akzeptierte Einheit. Wie lange würde mir diese einmalige Stadt Heimrecht gewähren? Auch wenn bei Westwind Geschützlärm vom Nettuno-Brückenkopf an den modernen „Kampf um Rom" erinnerte, ging es innerhalb der Mauern friedensmäßig friedlich zu. Und hier sollte ich nach vierjähriger Pause ganz „normal" Zeitung machen. Ich war gespannt, wie das zugehen sollte.

Den anvisierten Vertreter des Eher-Verlages („Völkischer Beobachter") bzw. des Göbbels-Ministeriums traf ich in der deutschen Botschaft, ein smarter Geschäftsmann stellte sich vor. Eigentlich gäbe es keine Probleme. Am besten gingen wir als erstes zur Druckerei. Sie lag in einer Nebengasse, keineswegs ein prächtiger Zeitungspalast. Neben dem Eingang ein normales Schaufenster, der ursprüngliche Titel war zwar übertüncht, dennoch lesbar: „UNITA", ich mußte grinsen, ausgerechnet die bescheidene Druckerei der dennoch weltweit bekannten Zeitung der italienischen Kommunisten sollte mir unfreiwillig Gastrecht gewähren, ein „Göbbels-Organ" zu produzieren.

Zum ersten Mal „Chefredakteur"

Da war ich nun an meinem neuen Arbeitsplatz. Der Gast aus Berlin hatte alles vorbereitet. Der Geschäftsführer der „Unita-Druckerei" sprach gut deutsch und zeigte uns den bescheidenen Laden. Es gab ein Büro hinter dem Verkaufsraum für allerlei bunte Heftlein, die man nebenbei noch herstellte. Dahinter vier Setzmaschinen, ein Gießwerk für die Druckplatten und eine 16-Seiten-Rotation. Das war alles. Hier sollte ich Zeitung machen. Der Mann aus Berlin sah keine Probleme, alles sei abgesprochen. Über den Sender Rom und mit Kurierpost würden Texte und Bildklischees kommen, aus denen ich die Seiten zusammenstellen und in Zusammenarbeit mit der „Südfront"-Redaktion und eigenen Arbeiten ergänzen könne. Wichtig sei die Anpassung des Grundmaterials, für das eine Berliner Zentralredaktion zuständig sei, an die besondere Situation der Heeresgruppe. Für allen Papierkram und die Korrektur erhielte ich einen Mitarbeiter, der bereits im Anmarsch sei. Im übrigen hätte ich ja Kontakt mit der Propaganda-Kompanie Italien. Damit war ich allein gelassen.

Mein Mitarbeiter erwies sich als ein reichlich trockener dafür aber um so peniblerer alter Herr, im Zivilberuf Notar und Justizrat, als Soldat gleichrangig Unteroffizier der Reserve. Verantwortlich für das Ganze war ich, zum ersten Mal in meinem Berufsleben „Chefredakteur" für ein weitgehend vorgearbeitetes Zeitungsorgan ohne Beispiel und Vorbild . . .

Merkwürdigerweise funktionierte das System. Ich brachte es fertig, mit einer Mischung aus wenigen Italienisch-Brocken, deutschen Befehlen, lebhafter Gestik und notfalls Rückgriff auf die Dolmetscherdienste des Geschäftsführers, mich mit den technischen Mitarbeitern zu verständigen. Gutenbergs Jünger zählen überall in der Welt zu den intelligentesten Vertretern der Arbeiterschaft. Vor allem klappte es gegen alle Befürchtungen reibungslos, vom Sender Rom die Berliner Unterlagen per Funkschreiber und Kurier zweimal wöchentlich zu beschaffen. Außerdem halfen die Kollegen, geizten aber nicht mit der Kritik an manchen

Texten, die da allzusehr nach Propaganda vom grünen Tisch aussahen. Schnell begriff ich, in welchem Umfang ich Spielraum besaß. Wenn mir ein Berliner Text nicht gefiel, dann war er eben so verstümmelt über den Funkschreiber angekommen, so daß er unbrauchbar war. Tatsächlich brachten bei zunehmender Erwärmung der Atmosphäre Gewitterstörungen über den Alpen den Hell-Schreiber, Vorläufer des heutigen Funkfernschreibers, ins Stottern. Dann begann der Tintenschreiber auf dem Telegrammstreifen zu spinnen. Nachweisen konnte mir das keiner.

Mit Frechheit und Gottvertrauen versuchte ich, eine eigene Ausgabe der zentralgesteuerten Propagandazeitung mit eigenen Artikeln und Texten der PK-Kollegen so zu gestalten, daß wir einerseits nicht auffielen, andererseits unser Produkt den Landsern, an die wir uns wendeten, um so besser gefiel.

Ich verfügte über eine nicht vorgesehene „Kontrollinstanz". Im Hotel Regina gab es außer den Stabsoffizieren der für den Nachschub der Heeresgruppe zuständigen Transport-Kommandantur noch drei jeweils für wechselnde Belegung freigehaltene einfache Zimmer der sogenannten „Nettuno-Freiheit". Dabei handelte es sich um Kämpfer aus dem Brückenkopf vor Rom, die sich durch besondere Tapferkeit ausgezeichnet hatten. Sie durften 24 Stunden Rom besuchen und machten davon je nach Temperament und Erschöpfungszustand den optimalen Gebrauch mit allem, „wovon ein Landser denn nur träumen kann".

Zu später Stunde gehörte dazu noch ein Besuch in der Regina-Bar, wobei nicht mit „Asti-Spumante", dem italienischen Schampus, gespart wurde. Schließlich wußte keiner, ob er den Tag nach der Rückkehr in den Brückenkopf überleben würde. Da man ziemlich sicher war, „unter sich" zu sein, waren die Gespräche sehr offenherzig und bei der Kritik am frisch gedruckten „Front und Heimat"-Organ war das Urteil über von Berlin übernommene Polit-Leitartikeln mehrfach „Was soll denn diese „Göbbels-Scheiße?"

Das galt insbesondere für einige damals illustre Autorennamen, die später mit neuem Ruhm geschmückt über ihre Tätigkeit in jener Zeit von „innerer Emigration" und „verdecktem Widerstand" sprachen. Im übrigen wunderte ich mich, daß zwar die Zensurabteilung der Heeresgruppe sich laufend für jede Ausgabe der „Südfront" interessierte, aber mein Produkt anscheinend völlig unbeachtet ließ, da das Material aus dem Heeresgruppenbereich ja vorher ihren Filter passiert hatte und alles übrige ihrer Meinung nach ja die Zensur des Propagandaministeriums passiert hatte. Da man nach guter alter Beamtenart sich nicht leiden konnte, sprach man nicht miteinander. So hatte ich beinahe „Narrenfreiheit", war mir aber darüber klar, daß dies um so gefährlicher war . . .

Die römischen Wochen vergingen verhältnismäßig unkompliziert. Ich lernte täglich im Umgang mit dem technischen Zeitungsapparat besser italienisch sprechen und bastelte mir aus der Kombination der schulischen Restkenntnissen aus Französisch und Latein und dem täglichen Umgang mit Italienisch einen Spezial-Slang zurecht. Mit ihm kam ich im Betrieb beinahe reibungslos zurecht und konnte die Konflikte meines Justitiar-Korrektors mit den „Kollegen von der schwarzen Zunft" immer irgendwie schlichten. Im Zweifelsfall hatten natürlich wir recht, und notfalls wurde ein allzu schlimmer Druckfehler beim Andruck auf der Bleiplatte mit dem Stichel undeutlich gemacht . . .

So langsam spielte sich die Situation ein, und der neugebackene „Chefredakteur", der vornehmlich Produktionschef war, konnte leidlich zufrieden sein. Nebenbei lernte er unter Führung der bereits in Rom heimisch gewordenen Südfront- Kollegen auch diese einmalige Stadt, das „Ewige Rom", sein „Roma Aeterna" in seiner Einmaligkeit immer besser kennen und lieben, ein Erinnerungsschatz, von dem er immer noch zehrt.

Doch – dieses offene Rom, die so friedliche Insel in den Turbulenzen des zweiten Weltkriegs, geriet unter einen von Tag zu Tag massiver werdenden Stimmungsdruck. Von der nahen Seeseite ebenso wie von den Berghöhen des mittleren Appenins rückten die Fronten unerbittlicher Schlachten immer näher, wuchs das Grollen schwerer Geschütze und der

Einschläge der Bomben immer stärker an. Noch hielten die alliierten Luftflotten sich ebenso wie die Landtruppen peinlich genau an den Status strikter Neutralität, die über den Vatikan und den persönlichen Einsatz des Papstes Pius XII. mit dem deutschen Oberkommando ausgehandelten Status einer neutralen Zone ein. In ihr vertraten nur wir vierhundert Besitzer eines Sonderausweises, zu denen auch die sechs „Nettuno-Urlauber" gehörten, eine beinahe neutralisierte Wehrmacht. Aber würde das auch halten, wenn die Alliierten noch näher rückten, wenn sich abrückende und anrückende verfeindete Verbände beinahe berührten?

Wir hatten keine Anordnung und Befehle für den Tag X. Es war eine geradezu gespenstische Situation. Informationskontakt mit dem Vatikan war ausdrücklich verboten. Was stand uns bevor? Immer noch war Rom praktisch unversehrt. Zeichnete sich ein Wunder ab? Würde Rom unversehrt bleiben? Ein wirkliches Wunder in dem Wahnsinn des Weltkriegs? Es hieß, wir würden zu gegebener Zeit abgeholt werden. Wie das geschehen sollte, war offen.

Das letzte, was ich selbst in dieser verrückten Situation erleben durfte, fand am zweitletzten Tag statt: Endlich hatte ich eine Opernkarte ergattert. „Madame Butterfly" mit Maria Gigli in der Hauptrolle, der Tochter des vielleicht berühmtesten Sänger der Musikgeschichte. Vor den Mauern der Stadt tobte die letzte Abwehrschlacht der Wehrmacht. In Roms berühmter Oper saß ein elegantes Publikum in den Logen. Flanierte in den Pausen im Foyer und den Gängen, der Gegensatz konnte nicht größer sein. Alles erschien irgendwie unwirklich, dabei um so packender. Würde ich irgendwann irgendwo ein vergleichbares Kulturereignis erleben dürfen? – 24 Stunden später überstürzen sich die Ereignisse . . .

Flucht aus der ewigen Stadt

An jenem Morgen herrschte im „Regina" ungewohnte Hektik. Bei der Transportkommandantur wurde offensichtlich gepackt. Aber alles geschah ohne große Erklärungen. Uns sagte man nur, wir müßten abwarten, bis unsere Einheit sich melde und neue Anweisungen erteile. Ich ging zur Druckerei, der Geschäftsführer wußte oder ahnte mehr als ich. Ich sollte ihm eine Vollmacht unterschreiben, daß er alle Rollen Rotationspapier in die Stadt holen könnte. Wir würden abrükken, die Engländer würden kommen. Und wenn die unser Papier hätten, könnten sie auch drüber verfügen und das sicher nicht in unserem Interesse. Der Drucker bot mir ein kleines Vermögen an und das in Dollar. Papier war absolute Mangelware, fast so wertvoll wie Gold. Ich sagte, ich müsse mit Vorgesetzten sprechen, hier könne ich nicht entscheiden und schon gar kein Geld annehmen, das könne meinen Kopf kosten . . .

Inzwischen warteten wir, konnten beobachten, daß überall dort, wo deutsche Dienststellen ein Quartier hatten, gepackt wurde, man abzurücken begann. Ein angekündigter Kurier mit Befehlen unserer Kompanieführung war noch nicht eingetroffen. Also abwarten. Die Standortkommandantur befand sich in Auflösung. „Ihr bekommt Bescheid von euerm Haufen. Aber bis morgen mittag müssen alle deutschen Soldaten Rom verlassen haben."

Es kam kein Bescheid. Die Situation war unheimlich. Wir warteten die ganze Nacht, inzwischen allein im Hotel „Regina". Am frühen Morgen kam noch einer der Offiziere der Transportkommandantur, ein Nachzügler, der letzte Papiere abholte und kontrollierte, daß nichts liegengeblieben war: „Seht zu, daß ihr abhaut, um zwölf Uhr werden die Tiberbrücken gesperrt." Immer noch kein Kurier geschweige denn der Lastwagen, der uns und die Klischees für Zeitungsköpfe und andere technische Unterlagen abholen sollte. Um neun Uhr sah man im weiten Umkreis keinen deutschen Soldaten mehr. Wir beschlossen zu handeln.

Ein fahrbarer Untersatz mußte her. Aber woher nehmen? Vorsorglich luden wir die Pistolen durch, unsere einzigen Waffen. Wir wollten das nächst erreichbare Fahrzeug notfalls mit Gewalt beschlagnahmen. Wir wußten nicht, wie Zivilisten in dieser Situation reagieren würden: Deutsche Soldaten abgerückt, Alliierte würden erst um zwölf Uhr einmarschieren. Das war die Abmachung. Nur, im weiten Umkreis gab es kein fahrbereites Auto. Dann ging es um Minuten. Da entdeckten wir einen herrenlosen Elektrokarren. Egal, Hauptsache, raus aus Rom, weg über die nächste Tiberbrücke, an der noch ein Kommando Feldgendarmerie für Ordnung sorgte. Denn auch ungezählte römische Zivilisten hatten offensichtlich guten Grund, ihre Stadt mit uns zu verlassen. Die Militärpolizisten konnten uns auch nicht helfen, schrien nur: „Weiter, weiter." Etwa zwanzig Kilometer weiter gäbe es ein großes Kasernement mit einem Stab, der den Abzug gen Norden regele. „Seht zu, daß ihr weiterkommt, ihr seht nicht so aus, als daß man euch für Rückzugsgefechte brauchen könnte und vereinnahmen würde." Nicht nur mir sah man an, daß unsere Zeit als „tapfere Krieger" entweder altershalber oder auf Grund offensichtlicher Verwundungen abgelaufen sei . . .

Wir hatten Glück, daß wir in dem Fluchtstrom, der Zivil und Militär unauflöslich vermischte, mit unserem Elektrokarren mithalten konnten, daß seine Batterien ihren Geist erst aufgaben, als wir die angekündigte Kasernenanlage buchstäblich mit den letzten Watt erreicht hatten und hier, welch Wunder, den Spieß unserer Propagandakompanie trafen. Zunächst gab es einen knallharten „Anschiß", weil wir nicht schon längst entsprechend dem Befehl, den er am Mittag des Vortags mit dem versprochenen LKW geschickt hatte, Rom verlassen hätten. Überhaupt, „Wo ist denn der Gefreite von Witzleben?" Er war nie bei uns angekommen, ebenso wenig wie sein Kleinlaster. Wir hatten aber nichts gehört, daß es irgendwo eine Schießerei oder einen schweren Unfall gegeben hätte. Erst ein Vierteljahr später glaubte man beim Kompaniestab die Lösung gefunden zu haben: von Witzleben galt als ein verschlossener, sehr stark mit seinem katholischen

Glauben verbundener Mensch mit ausgeprägten Kontakten zum römischen Klerus. Er werde sich wohl in den Vatikan zur Internierung abgesetzt haben. Die Rolle seines berühmten Onkels, der zu den führenden Männern des 20. Juli gehörte, bestärkte diesen Verdacht . . .

Es hat uns wenig geholfen, daß unser Kompaniefeldwebel auf uns gewartet hatte. Auch er hatte nur ein Krad zur Weiterfahrt und Marschbefehle, nach denen wir versuchen sollten, nach Florenz zu gelangen, wo ein neuer Zeitungstrupp eingesetzt werden sollte. Wie dahin gelangen, das blieb unserer Phantasie überlassen und dem Geschick, als quasi „Anhalter" im Rückzugsstrom nach Norden zu kommen. Es war ein wilder Haufen, der sich auf der alten Heeresstrasse mühsam voran wälzte. Auf ihr waren zwei Jahrtausende zuvor schon römische Legionen gen Germania marschiert, waren später Gallier und Goten südwärts gezogen, um Rom zu erobern.

In dem ungeordneten Heerhaufen vereinten sich italienische Zivilisten mit uniformierten Mussolini-Anhängern mit gleichfalls zivilen und uniformierten Deutschen der unterschiedlichsten Einheiten. Vom Feldgrau des Heeres und der Waffen-SS über das Blaugrau der Luftwaffe bis zum klassischen Dunkelblau der Kriegsmarine. Die Nachzügler waren vornehmlich die Restkommandos vielfältiger Dienststellen im Großraum Rom. Sie hatten Glück, daß die noch intakten Verbände des ehemaligen Brückenkopfs Nettuno und der Hauptfront Mittelitaliens ihnen den Rücken halbwegs freihielten, um eine neue Front südlich des Po aufbauen zu können.

Von den Nachhutkämpfen der regulären Truppe spürten die fliehenden versprengten Haufen wenig, um so mehr von den pausenlosen Angriffen der alliierten Kampfflieger, die offensichtlich von ihren schwimmenden Flugbasen ideale Einsatzmöglichkeiten hatten, während die deutschen Luftstreitkräfte kaum mithalten konnten. Erst als wir Florenz erreicht hatten, wurde uns die veränderte Kriegslage voll bewußt. Inzwischen hatte sich der Schwerpunkt des II. Weltkriegs dramatisch verändert: Die Alliierten waren in der Normandie gelandet. Es sollte einige Zeit dauern, bis wieder klare Verhältnisse bestanden. Als wir uns glücklich nach Florenz durchgeschlagen hatten und uns beim Auffangstab meldeten, gab es einen ungewöhnlichen Einsatzbefehl. Mit vier gleichzeitig eingetroffenen technischen Mitarbeitern der „Südfront" organisierte ich den Druck von Flugblättern mit den neuesten Informationen über die jüngste militärische Entwicklung. Man hatte mir im größten Zeitungsverlag ein Redaktionsraum, Satz- und Druckkapazität zur Verfügung gestellt. In wenigen Stunden konnten Extrablätter an die Soldaten in der Stadt, vor allem aber auch an die an Florenz vorbei gelenkten Verbände durch Militärpolizisten verteilt werden. Erst dann konnten wir selber Quartier machen und uns in der Kommandantur mit den auf der Flucht verlorengegangenen Ausrüstungsstücken versorgen, um die weitere Verwendung abzuwenden. Für mich bedeutete das mit dem ab Florenz wieder funktionierenden Zuganschluß: Abmarsch nach Verona, wo eine neue Druckstätte vorbereitet würde . . .

Eine glückliche junge Familie im Genesungsurlaub des schwerverletzten Autors. Erinnerung an knappe 4 Wochen Genesungsurlaub. Aufgenommen im April 1943, zehn Wochen, bevor eine britische Fliegerbombe alles zerstörte.

Von der Arena zum Markusplatz

Der Szenenwechsel war perfekt. Verona hatte sich kaum verändert, seit ich neun Monate davor von seinem Hauptbahnhof zum erstenmal nach Rom gestartet und in den Trubel des ersten italienischen Zusammenbruchs hineingeraten war. Im Mittelpunkt der historischen Stadt war in einem Anbau an die berühmte Arena, jenes gewaltige Römerstadion, in dem alljährlich die Aufführung der Aida touristischer Höhepunkt des Urlaubslandes Italien ist, die Druckerei der gleichnamigen Lokalzeitung „Arena" untergebracht. Die Kommandantur hatte alles organisiert, so daß ich mehrere „Front und Heimat-Ausgaben" produzieren konnte. Wieviel Tage dies Gastspiel dauerte, ich weiß es nicht mehr, denn die Ereignisse und die Keulenschläge eines unerbittlichen Schicksals lassen alles übrige, was in den nächsten vierzehn Tagen – oder waren es drei Wochen? – geschehen ist, verblassen. Die komplizierte Struktur, hier militärischer Dienstweg der Propagandakompanie, die sich gerade neu formierte und nun „Heereskriegsberichterzug Italien" nannte, dort der unabhängige „Zeitungstrupp Front und Heimat", der dem Propagandaministerium unterstellt war – das alles sorgte für tragische Verwirrungen.

Kaum hatte ich mich in Verona etabliert, da hieß es, die beiden „ Front und Heimat"-Ausgaben Nord und Süd würden vereint. Ich sollte sie künftig in Venedig in Anlehnung an die Luftwaffenzeitung „Adler im Süden" herausgeben. Also ab zum Markusplatz und den Canale Grande. Hier traf ich eine feste Organisation, die mit allem Komfort ausgestattet war. Sie residierte im „Albergo Cavaletto" und verfügte in einem wunderschönen historischen Palazzo über eine moderne Zeitungsdruckerei für den „Gazettino di Venezia" und über komfortable Redaktionsverhältnisse. Wieder war ein Verlagsmanager aus Deutschland gekommen, und wir hatten kaum Schwierigkeiten, meine beiden Wochenausgaben zu etablieren. In Chefredakteur Ernst Gläser vom „Adler" fand ich trotz stark spürbaren Mißtrauens einen verständnisvollen Kollegen . . .

Alles schien soweit in Ordnung. Der Betrieb lief an, als plötzlich ein Kurier der Standortkommandantur kam, der mich aufforderte, ich solle mich sofort beim Dienstchef melden. Mit einem flauen Gefühl in der Magengrube, schließlich war in den letzten vierzehn Tagen nicht immer alles nach den Regeln des militärischen Dienstweges abgelaufen, begab ich mich in das stattliche Kommandanturgebäude am Markusplatz. Keine Stunde später war alles, was bisher meine Welt geprägt hatte, total verändert. Ein Wandel, für den ich die vermutlich schwersten Wochen meines Lebens brauchte, um ihn wirklich zu verstehen.

Der Oberst empfing den kleinen Unteroffizier des für ein normalen Komißmenschen unmilitärischen Haufens von Zeitungsmachern mit den ungewöhnlichen Worten: „Sie müssen jetzt stark sein, wir suchen Sie seit zehn Tagen. Ich soll Sie mit Hauptmann Wüst vom Oberkommando in Berlin verbinden lassen." Es war ein „Chefgespräch" und ging blitzschnell. Hauptmann Wüst begann genauso wie der Kommandeur: „Sie müssen stark sein. Es ist etwas passiert. Bei Ihnen zu Hause sind Bomben gefallen. Ihr Heim ist zerstört, Ihre Frau schwer verwundet . . ." Wie ein waidwund geschossenes Tier schrie ich auf: „Und mein Kind?" Dann ein Knacke in der Leitung, die Verbindung war unterbrochen, Berlin meldete sich nicht mehr . . .

Wie in Trance verlief der Rest des Tages. Die Kameraden vom „Adler", vor allem Kollege Gläser, sorgten dafür, daß die Kommandantur die Papiere ausstellte. In den ersten Stunden des folgenden Tages fuhr ein Fronturlauberzug nach Berlin mit Anschluß nach Norden. Man hatte mir die nötigsten Sachen gepackt, versprochen, die nächsten vier Ausgaben zu sichern. Nur jeder Versuch, über Berlin telefonisch weitere Auskünfte zu erhalten, mißlang. Ein völlig in sich zerrissener Mensch saß im Zug, erfuhr durch Zufall aus einem Gespräch von einem Spezialistenkommando für zerbombte Gasanlagen etwas von dem, was im fernen Wilster geschehen war.

Während ich vermutlich auf dem Weg von Florenz nach Verona gewesen war, hätten im Städtchen Wilster die Gasspezialisten die Leitungen zum zerbombten Gasometer abdichten können. Er war ganze 50 Meter von unserer Wohnung entfernt – auf dem Bahnhof seien an die zwanzig Ölkesselwagen ausgebrannt, auch Häuser seien dort verbrannt. Besonders entsann sich einer an das Haus des Tierarztes: „Die Alsche und die junge Köksch waren gleich tot . . ." „Das war meine Schwiegermutter, wißt Ihr was, ob auch Kleinkindern was passiert ist?" – Sie wußten nichts darüber. Das war zwischen Magdeburg und Berlin . . . Bis nach Elmshorn blieb ich im Ungewissen, ein innerlich zerschlagener Mensch, der sich vergeblich bemühte, die seiner Uniform entsprechende Haltung zu bewahren . . ..

In Elmshorn mußte ich den nach Skandinavien weiterfahrenden Militärzug verlassen und zwei Stunden auf Anschluß der Regionalbahn warten. Zeit genug, um zur Großmutter meiner Frau zu gehen. Immer noch im Ungewissen über die für mich entscheidende Frage. Als ich klingelte und auf Großmutter Kleber wartete, traf es mich wie ein Blitz. Noch ehe sie „armer Junge!" sagen konnte, wußte ich: Mein kleiner Engel lebte nicht mehr. Ich konnte mich etwas fangen, während die alte Frau uns beiden eine Tasse des ach so kostbaren Kaffees bereitete und stockend berichtete, was sie wußte, daß meine Schwiegermutter und mein Kind inzwischen in Bredtstedt auf dem Friedhof ruhten. In Wilster, das sie nie geliebt hatte, wollte sie nicht beerdigt sein. Seit damals ist die einzigartige Friedhofsanlage auf der nordfriesischen Geest mit dem einzigartigen Ausblick über die See-Marschen und die unendliche Weite der Nordsee für uns in den kommenden Wanderzügen ruhender Pol geblieben. Ein Zuhause, auch wenn wir unser Heim in der noch schöneren Ortenau errichten durften.

Niemals ganz zu begreifen

Den Bahnhof unseres Städtchens gab es nicht mehr, nur ein Trümmerfeld, in dem Bahnsteige und Schienen provisorisch freigelegt waren. Auf dem Vorplatz standen mein Vater und unser Hausarzt und alter Freund unserer Familien. Er begrüßte mich zunächst: „Gott sei Dank, daß Sie jetzt gekommen sind. Seit der Telefonnachricht aus Elmshorn kann unsere Elke zum erstenmal weinen. Wir fürchteten das Schlimmste. Sie war total erstarrt und kaum ansprechbar. Kein Mensch wußte, wo Sie waren, nur daß Sie Rom verlassen mußten." Die paar Sätze erläuterten das Ausmaß einer kaum zu ertragenden seelischen Belastung einer früher so glücklichen jungen Frau. Sie hatte gerade das Trauma der schweren Verwundung ihres Mannes überwunden, war erfüllt von dem Glück der Mutterschaft, aus dem ein unfaßbarer Schicksalsschlag sie mit nicht zu übertreffender Brutalität herausgerissen hatte, so daß sie die schweren körperlichen Verletzungen kaum wahrgenommen hatte. Erst aus ihrer eigenen immer wieder von Tränenströmen unterbrochenen Schilderung wurde klar, was geschehen war, welche unfaßbaren Seelenqualen dieser Krieg den scheinbar Unbeteiligten auferlegen konnte . . .

Bis zu diesem Tage gab es für mich ein mich immer wieder verfolgendes Schreckensbild, auf der Höhenstraße vor Neapel, inmitten einer der wohl schönsten Landschaften der Welt: Unter tiefblauem Himmel die reifenden Trauben uralter Rebstöcke und davor die einzigartige Bucht von Neapel, liegt ein Bambino, ein kleiner Junge wie aus einem Gemälde von Michelangelo von engelhafter Schönheit. Aber ein Riesensplitter hat ihn buchstäblich in den Asphalt genagelt . . . Seit jenen Tagen von Wilster gibt es eine andere Szene:

Eine Kellertreppe in einem zusammengestürzten zerbombten Haus. Herabstürzende Balken haben eine winzige Nische gelassen. In ihr eingeklemmt eine junge Frau, in ihrem Arm den neun Monate alten Säugling, den sie gerade ein letztes Mal gestillt hat. Ihr Kopf ist auf den Hals des Kindes gedrückt, dessen langsames Erkalten unverkennbar ist. Sie kann sich nicht rühren, kann noch nicht einmal schreien. Es ist kaum Raum für Tränen, aber sie kann hören, wie sich über ihr Männer beraten, ob es denn Zweck habe weiter zu graben, es seien noch weitere Verschüttete zu bergen. Sie bemüht sich krampfhaft, wach zu bleiben, denn sie hört auch die Stimme ihres Schwiegervaters, der immer wieder bettelt, doch weiter zu räumen. Kann die Hölle furchtbarer sein?

Nach fünf Stunden hat man die Trümmer über ihr beiseite geräumt, die inzwischen Bewußtlose in das Haus der Schwiegereltern gebracht. Im 50-Betten-Krankenhaus ist kein Platz frei. Als sie Stunden später zu sich kommt, nach ihrer Mutter fragt, muß man ihr sagen, daß in der Turnhalle neben dem Rektorhaus in einem der 50 Särge ihre Mutter liegt, der man ihr totes Kind in den Arm gelegt hat.

Diese Schilderung entspricht im Wesentlichen dem, was eine junge Mutter, die zu eben diesem Zeitpunkt nicht wußte, ob ihr Mann die Flucht aus Rom überlebt hatte, immer wieder stockend berichtet hat. Sie schildert eine Situation an der Grenze dessen, was Menschenherzen auferlegt werden kann, was sicher nur wenige überstehen können, ohne für immer seelisch zu zerbrechen. Aber es hat Tausende in ähnlichem Ausmaß betroffen. Die Angst unseres alten Freundes und Arztes war berechtigt. Immer wieder blieb mir ein Rätsel, wie der liebste Mensch, den ich kennenlernen durfte, das beinahe einmalige Trauma meistern konnte und dennoch mit einem fröhlichen Herzen jahrzehntelang zu begeistern vermochte. Das Geheimnis war die Wechselbeziehung der Lehrerin zu „ihren" Kindern, die ihr über die damalige und spätere Lasten hinweg halfen. Dazu kam die Dankbarkeit, daß hingegen den ersten Feststellungen nach der Genesung ihr später doch noch einmal Mutterglück beschert wurde.

Zunächst aber hatte ich selbst es schwer, überhaupt zu begreifen, geschweige denn zu verarbeiten, was hier geschehen war. Ohnmächtige Wut, Rachegelüste und Verzweiflung tobten im Innern. Zugleich sollte ich in Absprache mit dem Arzt versuchen, die zusätzlich durch schwere Prellungen, insbesondere einen angeschlagenen Rückenwirbel, akut gefährdete Patientin seelisch zu stabilisieren. Eine Rücksprache mit Hauptmann Wüst bewirkte angesichts der besonderen Umstände eine zehntägige Verlängerung des Sonderurlaubs mit der Auflage, mich vor der Rückkehr nach Venedig zu einem Erfahrungsaustausch über das Projekt „Front und Heimat" in Berlin zu melden.

In Memoriam Hilke
Ein Feldpostbrief vom Juni 1943 an eine werdende Mutter

Eine Stunde war, die nur einmal sich schenkt,
wenn zwei Menschen zueinander finden –
da ein Gott die Schläge der Herzen lenkt
sich noch fester inniglich zu verbinden.

Jetzt sind Tage, die nur eines noch kennen,
schönste Hoffnung ist jetzt in dir wach,
mag das Schicksal auch morgen uns trennen,
da es den schönsten Satz schon sprach.

Unter deinem Herzen reift nun ein neues Leben,
drin sich unser beiden Wesen vereint.
Wissen wir auch nicht, was die Nornen uns weben,
fern am Himmel ein helles Leuchten scheint!

Und wenn ich muß ohne Wiederkehr gehen, liebe Frau,
im Osten ruft wieder der Krieg.
Sieh was kann uns beiden geschehen,
in dir selbst reift der schönste Sieg . . .

In zwei Äuglein, schelmisch lieben blauen.
spiegelt bald zum erstenmal die Welt
und sie sollen schöner einst sie schauen,
als sie uns ward in den Weg gestellt . . .

Bald wird unser schönster Traum vollendet,
reichst dem Heimgekehrten Du sein Kind,
dann ist alle Bitternis beendet,
wenn wir drei ganz beieinander sind.
Dein Mann

Dieser Brief erreichte eine junge werdende Mutter zwei Monate vor der Geburt ihres ersten Kindes. Fast auf den Tag ein Jahr später starb das Kind in den Armen seiner verschütteten Mutter. Zwei Wochen nach seiner Geburt wurde sein Vater auf das schwerste bei einem Einsatz in Neapel verwundet. Daß er entgegen den Befürchtungen der Ärzte genesen ist, erschien fast als Wunder. Nur er wußte, was ihn über zahllose dunkle Nächte hinweg getragen hat: Die Hoffnung,

am Weihnachtsfest erstmals sein Kind in der geschnitzten Wiege unter dem Tannenbaum sehen zu können. War es die Schicksalsaufgabe des kleinen Mädchens, dem Vater den Lebenswillen und die Kraft zu geben, zu überleben? Er durfte die Wiege unterm Tannenbaum in einem Lazaretturlaub erleben, durfte im Genesungsurlaub wenige unvergeßliche Wochen mit Frau und Kind im eigenen Heim verbringen, ehe er nach Italien zurück in den Einsatz ging. Während er nach dem Fall Roms kurze Zeit vermißt war, schlug daheim das Schicksal zu. Das kleine Mädchen sollte den völlig sinnlosen Bombenangriff auf das Heimatstädtchen nicht überleben. Hatte es seine ihm vom Schicksal gestellte Aufgabe erfüllt? Diese Frage stellte der Vater sich immer, wenn er das von dem bekannten Portraitist Koch-Hanau, einem Freund der Familie, gefertigte Bildnis seines Kindes mit immer noch nicht ganz trockenen Augen betrachten darf. Von Koch-Hanau stammt unter anderem das Portrait des Reichskanzlers Marx in der Reichstagsgalerie.

Berlin – Es liegt was in der Luft . . .

Bedrückt und innerlich zerrissen von all dem, was daheim geschehen war, fuhr ich mit Sonderausweis nach Berlin und meldete mich im stark beschädigten Bendler-Block des OKW bei Hauptmann Wüst. Er empfing mich eher kameradschaftlich, drückte mir sein Beileid aus und erklärte die Umstände der verspäteten Benachrichtigung. Erst über das Ministerium habe man erfahren, daß ich nach dem Fall Roms mit Zwischenstufen in Florenz und Verona in Venedig gelandet war. Den Abbruch des Gesprächs in der Standortkommandantur erklärte er: „Ich kann nichts dafür, ich brachte es einfach nicht fertig, Ihnen zu sagen, daß Ihr Kind gefallen war . . ."

Dann telefonierte er mit der Berliner „Front und Heimat"-Redaktion, wohin man mich schicken solle. Es ging zur Messelstraße, in einem stark angeschlagenen Rest eines alten Zeitungspalastes solle ich nach „Reichsamtsleiter Liebscher" fragen. Sein Fahrer brachte mich dann in die Messelstraße: In einem teilzerstörten Redaktionskomplex ein kurzes Gespräch mit Chefredakteur Liebscher und dem Chef vom Dienst, Oberleutnant Pfeiffer, der alles geregelt hatte. Zunächst zeigte man mir die technischen Einrichtungen, die noch friedensmäßigen Stand hatten. Dann ein knappes Informationsgespräch über die Planung meines „Gastspiels". Danach hieß es: „Jetzt ist erst mal Schluß, ehe der nächste Alarm kommt, sollten wir alle zu Hause sein. Sie sind im Hotel ‚Vier Linden' einquartiert, bekommen da zu essen und werden morgen – wenn kein Alarm ist – um zehn Uhr dort abgeholt. Bereiten Sie sich auf einen knappen Vortrag über die Praxis einer Außenredaktion und ihre Schwierigkeiten vor. Dann sehen wir weiter."

Die Fahrt ins Hotel führte durch eine Geisterstadt. Die Bomber hatten offensichtlich gezielt das Zeitungsviertel der Reichshauptstadt aufs Korn genommen, um so die Unterrichtung der Bevölkerung möglichst zu stören. Dieser Teil Berlins glich einer Ruinenstadt. Mittendrin wie eine Oase vier etwas zerfetzte Linden, die dem etwas beschädigten Hotel den Namen gegeben hatten. Dort hieß es, am besten gleich essen und „kellerfertig" schlafen gehen. Berliner Nächte waren zu diesem Zeitpunkt Mitte Juni 1944 dafür wenig geeignet. Der Kellner hatte recht. Ich hatte mich kaum im Zimmer eingerichtet, da heulten die Sirenen. Ab in den Keller, der auch für die wenigen noch besetzten Wohnungen links und rechts vorgeschrieben war. Ich war der einzige Soldat und kam mir komisch vor, denn ich war auch der einzige, der keinen Stahlhelm trug. Das blieb mir in Erinnerung. Ansonsten krachte es links und rechts eine gute Stunde lang. Wie der Luftschutzwart lakonisch feststellte, wären aber nur Trümmer noch mal herum gewirbelt. „Vier Linden" blieb aber auch diesmal ausgespart.

Am Morgen in der Messelstraße eine fast friedensmäßige Redaktionskonferenz für die nächste Ausgabe. Dann Bericht des Gastes aus Venedig über die Praxis „vor Ort". Die Rückfragen konzentrierten sich auf die Frage: „Wie kommen wir bei den Kameraden draußen an, aber bitte keinen Schmus. Wir müssen wissen, was man wirklich über uns denkt. Und warum wechseln Sie mehr Texte aus als die anderen Redaktionen? Ehrliche Antwort bitte!" – Ich habe dreimal geschluckt, mir dann einen Ruck gegeben, um dann zu berichten, daß an den anderen Frontabschnitten meist lange Wege zwischen Druckort und dem eigentlichen Ziel der Zeitung direkten Kontakt mit der Front verhinderten. In Italien, insbesondere aber in Rom, war dieser Kontakt hautnah. Für weltanschauliche Theorien und erkennbare Propaganda hätten die Kameraden keinerlei Interesse, was sie oft genug drastisch zum Ausdruck brachten. Für gute Unterhaltung, offene Schilderungen auch der Schwierigkeiten, und insbesondere auch Reportagen über Land und Leute seien sie um so aufgeschlossener. Wenn wir richtig ankommen wollten, müßte man einiges realistischer gestalten.

Als ich geendet hatte, war mir nicht ganz wohl. War ich zu offen gewesen? Schließlich war Chefredakteur Liebscher als „Reichsamtsleiter" sicher ausgemachter Parteimensch, kaum

Soldat. Im Gegensatz zum Chef vom Dienst verfügte er über keinen militärischen Dienstgrad. Seine provokatorische Frage an mich: „Sind wir wirklich so schlecht?" beantwortete ich vorsichtshalber mit vielsagendem Achselzucken. Danach folgte eine Gesprächsrunde im kleinsten Kreis. Bei ihr stellte sich heraus, daß man sich offensichtlich bei Hauptmann Wüst und nicht nur dort eingehend über mich erkundigt hatte. Dann eine völlig unerwartete Frage: „Lindschau, wollen Sie nicht in Berlin bleiben? Sie waren Umbruchsredakteur in Kiel, Sie haben von Rom bis Venedig gezeigt, daß Sie mit schwierigen technischen Problemen fertig werden. Sie haben mehr als normale Frontbewährung und sind als Schwerverwundeter offiziell nur, garnisonsverwendungsfähig Heimat: Und wir sollen zwischen der Front und der Heimat alle austauschen, die noch nicht draußen gewesen sind. Auch anderswo hat man ähnliches bemerkt, wie das, was Sie uns vorgetragen haben. Sie wissen sicher, daß nach der Landung im Westen und dem Vormarsch des Feindes im Osten überall in den Stäben dicke Luft herrscht. Da wäre es gut, wenn Sie als Chef vom Dienst Oberleutnant Pfeiffer ablösen, dessen Abberufung beschlossene Sache ist."

Ich war so verdattert, daß mir zunächst die Sprache wegblieb. In Berlin bleiben, in einer Umgebung, der ich in jeder Hinsicht entfremdet war ohne Kontakt mit vertrauten Kameraden, ein „Etappenschwein", das sich mit dem in vergleichbaren Apparaten unvermeidlichen Intrigenspiel auseinander setzen müßte? All das ging mir blitzartig durch den Kopf. Irgendwie paßte das alles nicht zu mir. Von einer Führungsstelle im Pressewesen der Reichshauptstadt als Zukunftsvision hatte ich früher einmal geträumt, aber das war lange her. Auch war ich auf Grund der Ereignisse in Wilster nur bedingt dazu in der Lage, meine Situation nüchtern einzuschätzen. Und dann dies Berlin! Mich störte weniger, daß ständig Angriffe drohten, das konnte sich auch in Italien jeden Tag ändern, die Alliierten drängten nach Norden. Aber die Atmosphäre in Berlin, irgend etwas Unbestimmbares, störte nicht nur mich. In der Redaktion wie abends im Hotel und beim

Gespräch im Bendler-Block hörte ich mehrfach genau das, was ich selber spürte: „Hier liegt was in der Luft, irgend etwas geschieht, aber man weiß nicht, was es sein wird . . . "
Nach einer weiteren Aussprache mit Liebscher bat ich, zumindest vorläufig nach Italien zurückkehren und organisatorisch weiter bei der bisherigen Einheit, abkommandiert für den Sonderauftrag „Front und Heimat", bleiben zu dürfen. Er hatte Verständnis, schloß aber nicht aus, mich nach Berlin anzufordern. „Zunächst grüßen Sie den Lido." Am nächsten Morgen startete der Fronturlauber Richtung Süden. Ich weiß es nicht mehr genau, es war um den 12. Juli 1944 . . .

Das historische Datum . . .

Ich erreichte Venedig erst am dritten Tag. Eine unerträgliche Schwüle herrschte in der Stadt. Die Kollegen vom „Adler im Süden", die vier Notausgaben nur mit Berliner Material produziert hatten, waren froh, daß ich da war. Sie hatten Verständnis für meine beinahe erstarrte Stimmung. Besonders Kollege Gläser bemühte sich um mich. Im übrigen verhalf ein gehöriges Quantum Chianti, die Furcht vor dem Einschlafen und den Schreckgespenstern des persönlichen Schicksals zu überwinden. Wenn ich am Druckabend nach Mitternacht vom Palazzo des „Gazettino" in den „Albergo Cavaletti" zurückkam, war das Tropenhemd der Sommeruniform klatschnaß, Temperaturen von weit über 30 Grad und eine andernorts unvorstellbare Luftfeuchtigkeit in der Lagunenstadt machten verständlich, warum im Juli und August vor der Erfindung vollklimatisierter Räume ein Aufenthalt in diesem Juwel schlicht eine Zumutung war. Aber noch schlimmer als die drückende Atmosphäre war das gleiche Gefühl wie in Berlin: „Es liegt was in der Luft."

Plötzlich war es geschehen. Wie die Nachricht bei uns ankam, blieb unerfindlich, aber alle wußten Bescheid. „Attentat auf den Führer!" Die Italiener riefen unverständliche Parolen, ehe erste deutsche Nachrichten uns erreichten. Unvollständig und unverständlich. Und kein Mensch mochte etwas sagen. Wer waren die Attentäter? Was machten die Oberbefehlshaber an den weltweiten Frontabschnitten? Lebte der Führer noch? Schießt die SS auf die Wehrmacht? Wie sind die Reaktionen der Wehrmachtteile? Unter Landsern sprach man flachsend vom bürgerlichen Heer, der kaiserlichen Marine und der nationalsozialistischen Luftflotte des Reichsmarschalls? Wie stand es insbesondere um das Verhältnis von Heer und Luftwaffe, von der SS ganz zu schweigen? Drohte vielleicht doch ein Bürgerkrieg? Zunächst gab es nur einige amtliche Depeschen und Mißtrauen aller gegen alle. Nur soviel schien festzustehen für uns: Göbbels und Himmler beherrschen die Szene und in Italien blieb alles ruhig. So hielt man sich an das, was „von oben" angeordnet war und sprach höchstens zu zweit über die Sorgen. Schließlich tobten zur gleichen Zeit an fast allen Fronten schwere Kämpfe . . .

Für den gerade „heimgekehrten" Zeitungsmann, dem der Kontakt zu den vertrauten Kameraden seiner Stammeinheit fehlte, war das Zusammentreffen der ganz persönlichen Seelenlast und der nur zu verständlichen Zweifel eines jungen Soldaten, dessen Jugend von dem historischen Geschehen des Wiedererstehens und der sich abzeichnenden Gefahr eines Zusammenbruchs seines Vaterlandes geprägt war, schier unerträglich. Ich hatte vorsorglich das Magazin der „Beretta" abseits der am Koppel hängenden Waffe versteckt. Und wenn ich morgens mit einem dicken Brummschädel aufwachte – Folge des vergeblichen Versuchs, zu mir selber zu kommen – kotzte ich mich selber an. Mußte ich nicht etwas tun?

Eine Woche nach dem Attentat setzte ich mich hin und versuchte inneren Abstand zu gewinnen und die Gedanken eines jungen Soldaten zu ordnen und zu verarbeiten, der als einer der zunächst gläubigen Jugend den Stolz der großen Siege, aber auch die Schrecken der Kehrseite buchstäblich erlebt und erlitten hatte. Ergebnis war der Versuch eines Leitartikels für „seine Zeitung". Eine eher philosophische Analyse, die mit der Überschrift „Krise des Führertums" die Schwächen von Demokratie und „Führerstaat" mit historischen Beispielen von Plato bis Hitler einander gegenüber stellte.

Danach war „Weimar" vor allem deshalb gescheitert, weil klare Verantwortungsverhältnisse fehlten. Dazu habe auch der Wegfall des überlieferte Treueverhältnisses zu den angestammten Fürstenhierarchien beigetragen. Der Einzelne hätte die persönliche Verantwortung auf das kollektive Führungsgremium verlagert und sei dadurch vorweg entlastet. An deren Stelle hätte man die neue Hierarchie des „Führerstaates" etabliert. Die Folge sei, daß bei schwierigen Entscheidungen der jeweils Zuständige versucht sei, die Verantwortung auf den nächst Höherstehenden zu schieben und sie dadurch auf der Zuständigkeitsleiter letztlich ad absurdum zu führen. Umgekehrte Folge: Eine nicht mehr beherrschbare Überlastung des Führungsapparates, die dessen Funktionsfähigkeit zwangsläufig beeinträchtigen mußte. Diese kritische Betrachtung ging damals noch von einer positiven Grundeinstellung junger Gefolgsleute aus und bekundete deren zunehmenden Zweifel. Ich bildete mir ein, – und das mochte vielleicht sogar stimmen – in etwa die Stimmung des Jahrganges 17 wiederzugeben.

Nach vielfachem Auswechseln und Umformulieren glaubte ich, das gesagt zu haben, was gesagt werden mußte. Ich bat Ernst Gläser um eine nächtliche Unterredung. Er machte mich auf das Risiko einer solchen Abhandlung aufmerksam. In meiner Position sei ich aber auch nicht berechtigt, so etwas gewissermaßen halbamtlich von mir aus zu veröffentlichen. Aber es sei auf alle Fälle der Diskussion wert, sich so mit dieser Thematik der jungen Soldaten auseinanderzusetzen, nachdem sich insgesamt die Lage abgeklärt habe. Nachdem ich nochmals darüber geschlafen hatte, entschloß ich mich, den Text, von dem es bewußt keine Zweitfassung gab, nach Berlin zu schicken. Ich bat darum, an höchster Stelle zu entscheiden, ob „Front und Heimat" einen derartigen Diskussionsbeitrag nicht doch veröffentlichen und eventuell auch kommentieren könnte? Als der Brief unter Bezug auf die in Berlin geführten Gespräche abgeschickt war, hatte ich ein flaues Gefühl in der Magengrube.

Dafür aber war ich mit mir selbst ins Reine gekommen. Ich habe niemals ein Echo gehört. Es kam auch kein „Reichsverdachtschöpfer", so nannte man beim Sonderhaufen der Propagandatruppe jene Prüfoffiziere, die gelegentlich einem Kameraden auf den Zahn fühlten, der eine Lippe zuviel riskiert hatte.

Erst ein halbes Jahrzehnt später hörte ich zufällig einen Hinweis darauf, was passiert sein könnte: Auf einem einsamen Marschhof hinterm Nordseedeich war bei einer Kusine meiner Frau unmittelbar nach dem Zusammenbruch ein entfernter Verwandter untergetaucht, der als Referent im Reichssicherheitshauptamt Grund genug hatte, sich zunächst verborgen zu halten. Als die Kusine in einem Telefongespräch sich nach meinem Verbleib erkundigte, fiel der Name Lind-schau. Da entsann sich der SS-Offizier an einen Vorgang, der vom Göbbelsministerium auf seinem Schreibtisch gelandet war, weil mein Vorname darauf schließen ließ, daß auch ich im Norden zu Hause und daher vielleicht ihm bekannt sei. Tatsächlich wußten er und noch mehrere Norddeutsche, daß ich in Kiel Redakteur gewesen war und meinten, einem Landsmann Ärger ersparen zu können. In jenen Tagen des Durcheinanders glaubten sie, es gäbe sicher „wichtigere Din-ge" als den Erguß eines kleinen Unteroffiziers in Italien, der dann vermutlich in einer Schublade verstaubt ist. Was genau gelaufen ist, sollte ich nie erfahren . . .

Ein Sommerabend an der Etsch

Das Schicksal hatte es gut mit mir gemeint: Als die permanente Gewitterschwüle des Sommers 1944 in Venedig für jemand, der in Nordseeluft aufgewachsen war, immer unerträglicher wurde, gab es einen neuen Stellungswechsel. Der Betreuungsverlag hatte herausgefunden, daß es sowohl finanziell wie auch verteilungstechnisch eine bessere Lösung als den Druckort Venedig gab. Man hatte in Südtirol, im schönen Brixen, eine beschlagnahmte Rotationsmaschine mit passendem Format im Kloster Neustift an der Brennerstraße aufstellen können. Und im Bischofsstädtchen selbst gab es zwei Setzmaschinen, die für meinen Bedarf reichten. Hierher konnte man im normalen Kurierdienst von Berlin pünktlich alle Druckunterlagen verschicken. Die Brixener Zeitung konnte Korrekturen durchführen, ich konnte im Einmannbetrieb die beiden Wochenausgaben produzieren.

Es war ein Job, von dem man eigentlich nur träumen konnte. Frühherbst in jenem Teil Südtirols, der vermutlich eigentlich das biblische „Paradies" gewesen sein mußte. Wer die Ecke erleben durfte, wird dem zustimmen. Hinzu kam, daß Kloster Neustift in jeder Richtung ein einmaliger Schatz ist. Wegen seiner kunstvollen Ausgestaltung ebenso wie als Heimstatt einer der kostbarsten Klosterbüchereien Europas. Nicht zuletzt – wegen seines Weinkellers, der aufgrund uralter Verträge nur aus allerbesten Lagen des europäischen Weinbaus zwischen Sizilien und der Mosel, Pusta und Bordeaux seine Pflichtkontingente empfing.

Mein Dienstsitz war der historische Klostergasthof „Zum Brückenwirt". Und hier war ich Alleinherrscher und konnte ohne direkt überstellte Vorgesetzte schalten und walten, wie es mir gefiel. Ich war Laufbursche und Chefredakteur zugleich, und die technischen Probleme lösten zum erstenmal deutschsprachige Facharbeiter, auf die absoluter Verlaß war. Soweit so gut. Der Kontakt mit der Einheit, die inzwischen als „Heereskriegsberichterzug Italien" firmierte, war problemlos, weil täglich auf der Brenner-Strecke Kuriere nach

Verona, wo man den Vertrieb organisierte, unterwegs waren. Von Berlin hörte ich nichts, ob noch der Wechsel in die Zentralredaktion akut war, schien ungewiß. Inzwischen traute ich mich wieder, mit Eigenbeiträgen das spröde Berliner Material „aufzuorden". An den Modalitäten mit den Zensurvorschriften hatte sich nichts geändert. In Verona war ein alter österreichischer Kollege im Obristenrang für die Militärzensur in Italien zuständig. Er meinte, daß er sich um mein Blatt nicht zu kümmern brauchte. Dafür seien ja die Bürokraten in Berlin zuständig.

Die Lage an den Fronten wurde im Spätsommer immer prekärer. An der Westfront wie an der Ostfront rückten die feindlichen Armeen mit geradezu tödlicher Präzision ständig vor, während aber gleichzeitig der Widerstand der Wehrmacht bei verkürzten Fronten gewissermaßen aus dem Innenring heraus immer erbitterter wurde. Es gab dazu „von oben" entsprechend tiefgründige strategische Kommentare und bittere Randbemerkungen der Betroffenen hinter der hohlen Hand. Kaum jemand sprach noch vom „Führer", dafür ketzerisch vom „Gröfaz", dem „größten Feldherrn aller Zeiten". Seit Stalingrad lautete die Kernfrage, ob und wie lange eine strategische Stellung gehalten werden mußte. Es war viel von Heldentum des Ausharrens „bis zur letzten Patrone" die Rede in dem, was aus Berlin übermittelt wurde.

Als an einer neuen Stufe des verspäteten Rückzugs die entsprechende strategische Würdigung nur verstümmelt durchkam, raffte sich der kleine Unteroffizier auf, einen eigenen Beitrag zur strategischen Problematik der inneren Linie nach dem jüngsten Stand der Wehrmachtberichte zu schreiben. Er trug in den meisten Punkten der offiziellen Linie Rechnung und war nicht gerade überdeutlich als Eigenbeitrag gekennzeichnet. So weit so gut. Die aktuelle Ausgabe entsprach dem aktuellen Stand der Dinge. Allerdings, eines war sicher, der Text war zu ehrlich, entsprach aber dafür der Vernunft. Das galt vor allem für den einen Satz, daß ein geschicktes rechtzeitiges Aufgeben einer unhaltbaren Situation nicht nur unnötige Menschenverluste vermeiden, sondern auch die Lage

120

im jeweiligen Frontabschnitt wesentlich verbessern könnte. An sich eine Selbstverständlichkeit. Nur hatte solches Handeln entgegen Weisungen aus dem Führerhauptquartier, ohne daß wir es im Detail wußten, mehreren, auch sehr prominenten Befehlshabern und Kommandeuren ihren militärischen Rang und oft genug sogar das Leben gekostet. Der Grund: Sie glaubten, einen vor Ort als unsinnig erkannten „Führerbefehl" in ihrer Verantwortung vor der Geschichte nicht folgen zu müssen. Auch hatte ich nicht mitbekommen, daß es in jenen Tagen eine Anweisung des Ministeriums zu dieser Problematik gegeben hatte . . .

An jenem Tage benutzte ich den Zeitungstransportwagen zur Anreise nach Verona, um einige Formalprobleme mit meiner Dienststelle zu erledigen, nicht zuletzt mir meinen Wehrsold und Essensmarken für meine zivile Versorgung im Gasthof abzuholen. Die Kollegen empfingen mich mit Frozzelei, was ich denn jetzt wieder aus einsamem Entschluß da publiziert hätte.

Man meinte etwas ernster, die Sache mit dem „Ausharrbefehl" sei bodenloser Leichtsinn und könne leicht böse Konsequenzen für mich haben. Zwar seien sie wie alle vernünftigen Menschen meiner Meinung, aber daß ein kleiner PK-Unteroffizier indirekt einen „Führerbefehl" kritisiere, das sei schon kriminell. Ich könnte nur hoffen, daß im allgemeinen Wirbel niemand über einen Satz in einer Nebenausgabe der von Berlin gesteuerten Zeitung stolpern würde. So weit so gut. Da ich erst am nächsten Tag Rückfahrmöglichkeit nach Brixen hatte, nützten wir den Abend zu einem Dämmerschoppen in einer Trattoria. In Verona ging es noch weit genug ab von der Front ziemlich leger zu. Hier wurde dann kräftig gelästert über den Alleinredakteur der schönsten aller Göbbels-Zeitungen, und genüßlich ausgemalt, was so einem Frechdachs alles passieren könnte.

Wir wollten gerade die letzte Flasche Chianti köpfen, als unser Schreibstubenhengst aufkreuzte und sagte, ich solle sofort zur Zensurstelle kommen. Der Oberst wolle mich unbedingt noch an diesem Abend sprechen. Angesichts der Vorgeschichte glaubte ich, er wolle mir nur Angst machen, und sollte besser nicht solchen Unsinn erzählen.

Sicher hätte der Oberst besseres zu tun, als mich zu so später Stunde zu sich zu zitieren, statt in Ruhe seine Abendzigarre bei einer Flasche guten Rotspon zu genießen.

Der Kamerad versicherte jedoch, daß er den strikten Befehl hätte, mich in Marsch zu setzen. Nun wurde mir doch mulmig zumute. Auch bei den Kameraden war man plötzlich ernst geworden. Sie drückten mir die Hand, als sei es ein Abschied für immer, als ich mich auf den Weg machte. Seit dem Attentat im Führerhauptquartier war zwar die Hexenjagd nach wirklichen oder vermeintlichen Verschwörern und Wühlmäusen abgeklungen, Nervosität und Mißtrauen aller gegen alle aber waren keineswegs völlig abgeklungen, wer ins Räderwerk der Abwehr geriet, hatte kaum noch eine Chance.

Die Villa, die sich mein Oberst ausgesucht hatte, lag in allerbester Umgebung in einem parkartigen Garten am Ufer der Etsch. Es war eine zauberhaft milde Sommernacht. Von den Trentiner Alpen wehte ein erfrischend kühles Lüftchen ins Etschtal herunter. Über allem ein strahlender Vollmond. Es war eine jener Nächte, von denen Soldaten lästern, es sei eine Nacht „zum Helden zeugen". Nur mir war ganz anders zumute. Was würde mich erwarten? Das Verhältnis zum Zensurchef, mit dem ich praktisch nie was zu tun hatte, war eher kollegial als militärisch. Wie würde er mich begrüßen? Wie üblich: „Na, Herr Kollege, was wissen die Berliner neues, von dem die Frontschweine im Süden keine Ahnung haben?" Würde diesmal statt „Herr Kollege" ein barsches „Sind Sie total verrückt geworden, Unteroffizier" zu hören sein? Dann könnte es besser sein, die Pistole zu benutzen, ehe sie von Feldgendarmen abgenommen wurde. Würde es die letzte strahlende Sommernacht, die mir blieb, sein? Und dabei hatte mir noch, als ich aufs Etschufer zuging, es in den Ohren geklungen: „Von der Etsch bis an den Belt." Lief hier doch jemand, der vom nördlichsten Ende seines Deutschland kam, dessen Großvater am Belt zu Hause war, am südlichsten Ende seines historischen Vaterlandes. In meinem Kopf ging vieles durcheinander, während ich auf dem Uferdamm mich jener Villa näherte, vor der das Schilderhaus der Wachtposten verkündete, daß hier eine höhere Dienststelle der Großdeutschen Wehrmacht ihr Domizil hatte, an deren Spitze ein eher gemütlicher Opa-Typ denn ein gestrenger Stabsoffizier eine vergleichsweise friedliche Aufgabe löste.

Nach einem letzten Zögern passierte ich mit wild klopfendem Herzen den Posten. „Der Oberst wartet". Und dann war ich drin, und die unverkennbar von einem gewissen Wiener Charme geprägte Stimme des alten Herrn ertönte: „Ah, Herr Kollege, da sans ja, ich habe heut nur eine kleine Bitte, da können Sie helfen, wo Sie gerade in Verona sind." Plötzlich war alles gelöst: Der Grund für die späte Aufforderung hatte mit Zensur, Zeitung und Militär kaum was zu tun. Er war eher ganz zivil, dafür etwas diffizil, beinahe intim: Ein guter Bekannter des Obersten, der im weitgefächerten Bereich der Propagandaabteilung Italien einen schwer einzustufenden Auftrag hatte, hatte eine gute italien-deutsche Freundin, die aus Rom geflüchtet war und „ins Reich" geschleust werden sollte. Die Sache war in Ordnung, soweit das die deutsche Seite betraf, nur die Dame hatte einen italienischen Paß und angesichts der komplizierten staatsrechtlichen Situation konnte es Schwierigkeiten geben, wenn Karabinieri eine „Landsmännin" bei der Ausreise kontrollieren würden. Ab Brixen hätten sie dazu kein Recht. Und in Begleitung eines deutschen Kuriers bestand bis dahin keinerlei Anlaß zu irgendeinem Mißtrauen, da ich den entsprechenden Marschbefehl bekam und niemand meine Begleiterin von Typ und Sprache her für eine Italienerin halten würde. Kurz, das Ganze war etwas delikat aber kein Problem, da ich am nächsten Tag wiederum mit meinem Zeitungswagen nach Brixen fahren würde.

Es war tatsächlich kein Problem, dafür aber eine durchaus reizvolle Aufgabe, eine bildschöne, geistreiche junge Frau durch die herrliche Landschaft entlang des Gardasees auf der einzigartigen Alpenroute ins Brennertal zu begleiten und davon zu profitieren, daß ihr Reiseproviant genügend Köstlichkeiten aufwies, um Beschützer und Fahrer lecker zu verwöhnen. Am Brixener Bahnhof verabschiedeten wir uns nach einer Begegnung am Rande der Weltgeschichte, ohne jemals zu erfahren, welches Schicksal auf den anderen in den kommenden Monaten wartete . . .

Spätsommerlied
Noch sind die Tage länger als die Nächte
schon kündet Sturm die Gleichheit Nacht und Tag
noch steilt die Sonne über kahle Felder
und in der Frühe weckt noch Finkenschlag . . .

Schon schrillt am Abend dünn der Pfiff der Ente
In Moor und Ried stört erster Büchsenknall
und doch ist Vesper längst vorüber
wenn spät im Meer versinkt der Feuerball . . .

Noch hat die Sonne Mächtigkeit und Gluten
noch lockt der See zu frischem, kühlem Bad
– bald liegt der Nebel grau auf grauen Fluten
– und wieder bald loht hoch vom Berg das Rad

Noch steht vor uns die Fülle reifer Reben
wo schon dem Tod das Gold der Ähre sank
doch ist das Rad uns Trost zu fernem Leben
– der heilge Kreis weiß selbst dem Tode Dank!

Fragen Sie besser nicht . . .

Der Südtiroler Frühherbst war so einmalig schön, daß man in der Abgeschiedenheit der Landschaft zwischen Etsch und der Eisack die immer bedrohlicher werdende Kriegslage beinahe hätte vergessen können. Von Berlin hatte ich als letztes gehört, daß man sich stärker auf den eigenen Zeitungstrupp von „Front und Heimat" konzentrieren wolle. Irgendwie hatte man auch mit meiner Dienststelle in Verona gesprochen. Was lief, wußte ich nicht. Nur erschien eines Tages ein wie ich nur bedingt einsatzfähiger Kamerad mit dem Bescheid, er solle sich von mir einarbeiten lassen, um mich möglichst bald ablösen zu können. Das Ganze reichlich mysteriös, weshalb ich bei Chef Liebscher anrief. Die Antwort war lakonisch: „Sie haben ja immer betont, bei Ihrem Haufen bleiben zu wollen." Im Übrigen: „Fragen Sie am besten nicht weiter. Melden Sie sich in Verona." Damit war das Kapitel „Chefredakteur" erst mal beendet. Es sollte ein rundes Dutzend Jahre dauern, bis unter völlig anderen Umständen die Bezeichnung wieder zutreffen würde.

In Verona empfing man mich ohne großen Aufwand mit der Frage, was man denn mit mir anfangen solle. Ein Fronteinsatz sei nach OKW-Weisung ausgeschlossen. Erst einmal sollte ich gründlichst untersucht werden, wie weit ich überhaupt dienstfähig sei. Der Lazarettarzt schüttelte nur den Kopf über den Zustand von Hüfte und Bein und meinte, ich hätte Glück, vor Eintritt der Winterkälte eine Kur in Abano-Therme durchführen zu können, dann würde es vielleicht auch bei den starken winterlichen Temperaturschwankungen erträglich. Er verordnete sechs Spezialbäder mit Massagen. Vom Lazarett fuhren täglich Fahrzeuge mit Rekonvaleszenten, für die in den großen Kuranlagen dieses einmaligen Bäderkomplexes eine besondere Abteilung der Deutschen Wehrmacht eingerichtet war. Mir taten die Anwendungen spürbar gut. Ich konnte zunächst einmal den Krückstock beiseite legen. Dennoch war das ärztliche Urteil: Für normalen militärischen Dienst weiterhin nicht einsatzfähig.

Inzwischen hatte der Kriegsberichterzug einen Spezialauftrag: Man richtete sich darauf ein, daß in absehbarer Zeit die
Italienfront hinter den Po zurückgenommen werden mußte.
Dafür gelte es in Südtirol entsprechende Quartiermöglichkei-
ten zu schaffen. Für uns war im Pustertal das Dorf Vintel
(Vendoys) vorgesehen. Die nächsten Wochen gab es genug
zu tun, um Quartier und Nachrichtenverbindungen in Ab-
sprachen mit der zuständigen Kommandantur zu klären. Zugleich wurde der Stützpunkt Vintel in dem alten Gasthof
„Zur Rose" (Albergo a la Rosa) als Relaisstation für den Ku-
rierverkehr unserer Einheit fleißig genutzt. Auch wenn bei
Wintereintritt die vom Lazarettarzt angekündigten Beschwer-
den und Schmerzzustände mich fast völlig an das Quartier
banden, entschädigte die winterliche Pracht der das Tal ein-
engenden Dreitausender für alles. Und es gab bestimmt für
einen Soldaten in diesem letzten Kriegswinter schlechtere
Aufenthaltsorte als das Pustertal. Nur dem zweckentfremde-
ten Unteroffizier gefiel diese Verwendung ganz und gar
nicht. Ich bat um einen fachgerechteren Auftrag . . .

Zunächst gab es eine Spezialaufgabe: Ich sollte für den
kunterbunten Haufen von Wort- und Bildberichtern, Kriegs-
malern und Karikaturisten samt Troß und einer Dienstgrad-
skala vom einfachen Schützen bis zum Major, die oft in di-
rektem Widerspruch zur dienstlichen Bedeutung stand, eine
zünftige Weihnachtsfeier organisieren. Danach hätte man eine neue Fachaufgabe für mich. Diese Weihnachtsfeier war
von der Einheitsführung dazu gedacht, alle Angehörigen dieses „Zigeunerhaufens" von Propagandisten, die über ganz
Italien verteilt sich kaum kannten, einmal zu einem Erfahrungsaustausch und gegenseitigem Kennenlernen zu-
sammenzuführen. Schließlich wußte keiner, was einmal
kommen würde, und da könnte es nicht schaden, wenn man
mehr von einander wüßte und sich vielleicht gegenseitig helfen könnte. Wann das wie sein könnte, das war „tabu", obwohl fast jeder daran dachte und insgeheim Pläne für ein
eventuelles „Untertauchen" schmiedete . . .

Die Zukunft lehrte, daß das große Weihnachtstreffen des

Kriegsberichterzugs praktisch das Ende einer Gemeinschaft einläutete, die einmal als „Panzer-PK Afrika" eines der ungewöhnlichsten Kapitel der Kriegsgeschichte den Menschen daheim, aber auch auf der Gegenseite unvergeßlich nahe brachte. Diese „Panzer-PK" hatte den Ruhm von „Wüstenfuchs" Rommel weltweit begründen helfen, ehe sie mit der Flucht über das Mittelmeer stufenweise den Untergang der Truppen des „OB Südwest" kaschierte, bei dem noch einmal das Epos des verzweifelten Widerstandes beim Kloster „Monte Cassino" geschichtsträchtig wurde. Im übrigen blieb ein „Sonder-Gag" der Afrika-PK bis ans Ende des Jahrhunderts für alle, die jene Wochenschau sahen, unvergeßlich: Er gilt in der Mediengeschichte noch heute als einer der berühmtesten „Türken", die clevere Medienmacher inszenierten. Hatte doch ein Wochenschaureporter die Bruthitze von El Alamein einmalig demonstriert: Die Spiegeleier, die auf dem Panzerdeck bruzzelten. (Daß man von unten mit einer Schweißbrenner-Flamme nachgeholfen hatte, wurde zwar bestritten, traf aber dennoch zu.)

Doch zurück zum Schluß des Kapitels „Kriegsberichter" des Autors. Er durfte noch einmal in der ersten Januarwoche einen Heimaturlaub antreten. Die alles beherrschende Erinnerung, von der dieser Fronturlauber für endlose Jahre zehren mußte, war natürlich das letzte Wiedersehen mit seiner immer noch stark gezeichneten Frau, die erst allmählich die schwersten ihrer Verletzungen überwinden konnte. Dann die langen Gespräche mit dem Schwiegervater, der als Weltkrieg-I-Offizier auch im zweiten Weltkrieg noch einmal in der russischen Etappe bis zum körperlichen Zusammenbruch gedient hatte. An den ersten Fahneneid, den er seinem Kaiser geschworen hatte, von dem er immer noch als „Majestät" sprach, fühlte er sich innerlich gebunden, bis die Todesnachricht aus Doorn eintraf. Trotz allem, was er von Beginn an gegen den, wie Hindenburg gesagt hatte, „böhmischen Gefreiten" hatte, war auch der zweite Fahneneid für ihn bindend, obwohl er nie die Formel „der Führer" benutzte, sondern höchstens vom „Oberbefehlshaber" sprach.

Nur andeutungsweise erfuhr ich dann, daß jener General Lindemann, den man wie Gördeler mit einer halben Million Verratsgeld gesucht und gefunden hatte, sein Kamerad im Stab der 54. Preußischen Infanterie-Division gewesen war, der als Traditionsclub immer zusammengehalten hatte. Er war deshalb nach dem 20. Juli vorgeladen worden, wobei man vergeblich versucht hatte, ihn nach persönlichen Verbindungen auszuhorchen. Es schien ein Wunder, daß er nach der Vorladung zur Vernehmung unangefochten davon gekommen war. Über weiteres mochte er nicht sprechen. Es schien außerdem gefährlich, mochten wir uns auch gegenseitig trotz gänzlich anderer Lebenserfahrungen voll vertrauen.

Über die Gesamtsituation lohnte es nicht große Worte zu machen. Wir wußten beide, wie gering die Aussichten auf ein Wiedersehen sein würden. Immerhin gab es die Hoffnung, daß die eigentliche Front nicht in den stillen Winkel zwischen Elbe und Nord-Ostsee-Kanal vordringen würde. Der Bombenangriff auf unser Städtchen – darüber waren wir uns alle klar – beruhte auf einer Verwechslung mit den Ölanlagen nördlich von uns, im Fördergebiet um Heide, wo auch heute noch die Ölpumpen aktiv sind.

Es war ein Abschied ohne große Worte. Wenn ich voll dienstfähig gewesen wäre, hätte man mich nicht zurück fahren lassen, sondern an die Front von Berlin abkommandiert. Die Kommandantur hätte mich gerne zur Bildung einer „aktiven Volkssturmkompanie" einkassiert. Noch einmal fuhr mich dann die „Deutsche Reichsbahn" gen Süden. In Berlin mußte ich zwei Stunden warten. Und das war der deprimierendste Eindruck dieses letzten Aufenthalts „im Reich": Rund um das alte Verkehrszentrum von Berlin, die großen Anlagen des Bahnhof Friedrichstraße, war alles ein einziges Trümmerfeld, soweit das Auge an diesem diesigen Januarmorgen reichte. Kaum vorstellbar, daß hier immer noch Züge von Ost nach West und Nord nach Süd beinahe fahrplangerecht kreuzten. Würde ich Berlin wiedersehen?

Ein allerletzter Einsatz

Bei der Rückkehr fand ich die Einheit an einem neuen Standort, von Verona war der Sitz ins benachbarte Padua verlegt worden. Hier hatte man im Schloß der Gräfin eine feudale Zentrale eingerichtet. Es fehlte buchstäblich an nichts. Dennoch hatte die allgemeine Stimmung einen neuen Tiefstpunkt erreicht. Sie gipfelte in der Verzweiflungsparole: „Genießt den Krieg, der Friede wird furchtbar werden." Und wenn nach der zweiten, oft auch der dritten oder vierten Flasche der süffigen Weine Veneziens die letzten ihre Kammer aufsuchten, dann sagte unser Kölscher Junge nur sarkastisch: „Was würde wohl der Hinkebein (Göbbels) sagen, wenn er wüßte, was seine Sondertruppe wirklich denkt? Wir können nur hoffen, daß kein falscher Hund dabei war. Dann wäre nur die Frage, ob wir als Rasier- oder als Schmierseife enden."

Abend für Abend saß das kleine Kommando in der gräflichen Kellerbar und versuchte, mit der eigenen Situation klar zu kommen. Was konnte man eigentlich noch berichten über die merkwürdige Situation, über die es zu berichten galt, ohne die eigentliche Lage klarstellen zu können. Südlich des Po wurde weiter gekämpft, und das mit schwerstem Materialeinsatz, den die Landser drastisch so schilderten: „Es herrscht Waffengleichheit im Verhältnis eins zu eins: Bei uns eine Bombe oder Granate und von drüben einen Waggon voll dagegen."

Es war wirklich Glück für uns, daß „kein falscher Hund" zuhörte, wenn wir einmal aus unserem Herzen keine Mördergrube machten. Hinzu kam, daß es jene Wochen waren, in denen friedensmäßig daheim statt Feldgrau die bunten „Jekken-Uniformen" das Straßenbild beherrscht hätten. Da wurde es manchem ganz anders, wenn unser Tünnes herzzerreißend und mit einem bühnengerechten Bariton sang: „Ick möcht zu Fuß nach Kölle jan."

Ich hielt es einfach nicht mehr aus und bat wiederholt um einen Einsatzbefehl. Das Ergebnis war die Versetzung zum IC-Stab des Oberkommandos Südwest. Hier war die Hauptaufgabe, nach der täglichen internen Lagebesprechung aus deren Ergebnis jene zwei oder drei Sätze zu formulieren, mit denen die Italienfront im täglichen OKW-Bericht erwähnt wurde. Außerdem galt es, den Einsatz von Berichterkameraden an den Schwerpunkten zu organisieren. Das ganze erschien beim Versuch einer nüchternen Selbstanalyse wie bizarres Theater.

An der Südfront stagnierte der Krieg. Keiner gab sich Illusionen hin. Insgeheim hoffte jeder, daß der Vormarsch der westlichen Alliierten in der Heimat schneller sein Ziel erreichte als die Todeswalze, die vom Osten immer bedrohlicher heranrollte, daß möglichst großen Teilen des östlichen Deutschland die Schrecken einer russischen Besatzung erspart blieben. Die Furcht davor war nicht zuletzt das Geheimnis des Durchhaltens der deutschen Truppen. Daß die Befürchtungen nicht unbegründet waren, sollte später aufs Schmerzlichste bestätigt werden. Daß jede feindliche Besetzung eines Landes voller Schrecken für die jeweilige Bevölkerung ist, daß mancher Übergriff auch schlicht auf Rachegefühlen den Deutschen gegenüber beruhte, wer sollte das damals schon objektiv betrachten können?

Für uns aber stand im Mittelpunkt von Erwartungen und Befürchtungen das Fragezeichen, was mit uns im Süden passieren sollte: Die Diskussion um das „Alpen-Reduit", in dem die Kernreste einer einst so stolzen, die halbe Welt dominierenden Wehrmacht sich einigeln sollten, um daraus mit den „Wunderwaffen" erneut zu großen Siegen aufzubrechen? Richtig zu glauben vermochte das keiner. Die Süd-West-Strategie lautete: Stellung halten, denn ein Rückzug über den Brenner hätte angesichts der totalen Luftüberlegenheit der Alliierten Selbstmordcharakter gehabt. Auf dem Engpaß des Brennertals gab es praktisch keinerlei Schutz gegen die „Jabos".

Die Situation speziell im Südwesten schrie nach irgendwelchen Auswegen und Lösungen, aber keiner wußte, wie sie aussehen sollten. Dazu kam, daß der Partisaneneinsatz gerade hier immer stärker wurde und niemand dem auf deutscher

Seite verbliebenen Restbestand der Mussolini-treuen Graziani-Armee wirklich traute. Hinter vorgehaltener Hand hörte man Gerüchte über Geheimverhandlungen in der Schweiz, bei denen ein mysteriöser hoher SS-Führer die Hand im Spiel haben sollte. Die einzige „Latrinenparole", die sich schließlich als historisch wahr erweisen sollte. Was SS-Obergruppenführer Wolf mit dem Bruder des amerikanischen Außenminister John Foster Dulles in der Schweiz aushandelte, sollte auch für mich schicksal-bestimmend sein.

In dieser Situation kam die Anforderung, der Heereskriegsberichterzug möge einen Berichter schicken, der die Aufgabe der deutschen Soldaten an der Nahtstelle der Oberbefehlsbereiche Südwest (Oberitalien) und Südost (Balkan) einmal für die Soldatenzeitungen schildern solle. Schließlich waren die beiden Heeresgruppen „Nachbarn", die nur durch die Adria getrennt wurden, aber völlig unterschiedliche Einsatzformen bewältigen mußten: Im Westen die letzten Materialschlachten mit den Alliierten. Im Osten der angeordnete Rückzug auf das Reichsgebiet, den die immer stärker werdenden Partisanenverbände der unterschiedlichsten Art zu stören versuchten. Das Ganze fand in einem historisch ungeheuer interessanten Raum statt, den man der beteiligten Truppe gleichzeitig nahe bringen sollte. Schließlich hatten sie Anspruch darauf, zu erfahren, warum es an dieser historischen Nahtstelle von Orient und Abendland so viele unterschiedliche Völker und Kulturen, Religionen und Sprachen gab und immer noch gibt. Auch heute noch oder heute wieder kann kaum jemand begreifen, was es u. a. mit Bosnien, Slowenien, Slavonien und Montenegro auf sich hat.

Eigentlich sollte und wollte ich den Kameraden in einer Serie klar machen, warum dieser Balkan ein so einzigartiger politischer Fleckenteppich der Völker ist, in den sie unfreiwillig entsandt wurden. Hatte man doch in der Geschichtsstunde eine angebliche Äußerung des eisernen Kanzlers Bismarck zitiert, daß es nicht die Knochen eines einzigen ehrlichen pommerschen Grenadiers für den Versuch lohne, zwischen Laibach und Skopje preußische Ordnung herzustellen.

Eine Erkenntnis, deren bitterbösen Kern keiner seiner zahllosen Nachfolger bis in die Gegenwart begreifen will.

Ich hatte zunächst vor, mich in Fijume, heute Rijeka, in die Thematik einzuarbeiten. Die Aufgabe schien mir beinahe auf den Leib zugeschnitten, da die Informationen vornehmlich in den Stäben zu suchen waren, und deshalb die mangelnde Marschfähigkeit kein Einsatzhindernis darstellte.

Der Kriegsberichter-Unteroffizier fuhr also mit durchaus zivilen italienischen Zügen zunächst nach Triest, dann über die Halbinsel Istrien nach Fijume. Er interviewte Stabsoffiziere in den Kommandanturen und Sachkenner in den Rathäusern, konnte sich aber nicht verkneifen, doch noch an einem begrenzten Einsatz im nördlichen Dalmatien teilzunehmen. Hier sollte es ihn erwischen.

Ob die schwüle Hitze des dalmatinischen Frühlings die Katastrophe auslöste, oder was auch immer: Plötzlich brachen an drei verschiedenen Stellen aus den an sich gut verheilten Narben scheußliche Ekzeme aus, wäßrige Entzündungen, die der Truppenarzt nicht zu bremsen vermochte, der nur eine Lösung fand: Sofort zurück nach Triest, wo das große Standort-Lazarett eine Sonderabteilung für Hautpatienten mit einem renommierten Bonner Professor besitze. Ich schaffte den Rückweg und traf in einem erbärmlichen Zustand in Triest ein. Die Flächenekzeme gefährdeten inzwischen die ausreichende Hautatmung, aber der Lazarettchef verdiente seinen guten Ruf. In den letzten Apriltagen heilten die letzten Krusten ab, gerade noch rechtzeitig, ehe das schwierigste Kapitel einer reichlich abenteuerlichen Soldatenkarriere zur größten Prüfung meines Lebens überhaupt werden sollte, bei der ich für meine sträfliche Neugier für die Rätsel des Balkans die – gerechte?– Strafe erhielt.

Schicksalstag 1. Mai 1945

Es war ein Maiensonntag, wie er kaum schöner sein konnte. Über der tiefblauen Adriabucht vor Triest lachte die Sonne an einem stahlblauen Himmel. Aber über Stadt und Hafen herrschte Totenstille. Dafür war in der Nacht buchstäblich der Teufel los gewesen. Es war die letzte Kriegsnacht im Bereich der Oberbefehlshaber Südwest und Südost, in dem die Alliierten, aber auch die Partisanenverbände immer weiter nordwärts vorgerückt waren. Für mehrere tausend junge deutsche Soldaten im Großraum Istrien-Triest sollte es die letzte Nacht eines hoffnungsvollen Lebens sein. Die „Knabendivision", letztes Aufgebot von teilweise erst 16- und 17-jährigen, die kaum die Grundbegriffe eines ernsten militärischen Einsatzes hatten erlernen können.

Der bis zu diesem Tag „Kriegsberichter" der Großdeutschen Wehrmacht lag in dem zum Lazarett umgewandelten Triester Zivilkrankenhaus als Opfer einer nie ganz geklärten, dafür aber um so gefährlicheren ekzemartigen Hautentzündung, die zeitweilig lebensbedrohenden Umfang hatte. Zwei Tage vorher hatte seine Dienststelle im Stab des IC beim Oberkommando ihn zurückrufen wollen, da der Zusammenbruch der Front südlich der Alpen unausweichlich schien. Der Inhalt des letzten Telefonats ließ trotz vorsichtiger Formulierungen keine Hoffnung aufkommen. Der Chefarzt lehnte eine Entlassung und die Ausstellung eines Marschbefehls wegen akuter Rückfallgefahr ab.

An seiner Stelle erschien ein „Heldenklau" der Standortkommandantur Triest, der unter den Lazarettinsassen nach dienstfähigen Patienten suchte. Der Unteroffizier und Kriegsoffiziersbewerber mit entsprechender Ausbildung schien ihm gerade recht, das Kommando einer „Einsatzkompanie" eines bunten Haufens von Schreibstubenhengsten und halb einsatzfähigen Lazarettinsassen zu übernehmen. Nur unter Einschaltung des Oberfeldarztes konnte ich den Auftrag ablehnen, ohne die angedrohte Verhaftung wegen Einsatzverweigerung und Feigheit zu riskieren. Wenig später wurde dann das gesamte Sanitätspersonal abgerufen und die akut Schwerverletzten auf das Lazarettschiff „Helgoland", das am Hafenkai im Herzen der Stadt festgemacht hatte, evakuiert.

Was danach in der letzten Kriegsnacht auf Istrien und in der Stadt geschah, dürfte in der bunten Kriegsgeschichte einmalig sein. Von überall her waren Verbände auf Triest vorgerückt. Alle wollten anscheinend in letzter Minute die multinationale Hafenstadt in Besitz nehmen: Da bekämpften sich weiße und rote Verbände von Serben, Kroaten und Slowenen ebenso untereinander wie Mussolini-treue Italiener und rote Partisanen gleicher Nation. Dazwischen Einheiten der deutschen Wehrmacht, die sich auf die Schlüsselstellung Triest zurückgezogen hatten und um Mitternacht die Waffen niederlegten, wie es im Waffenstillstandvertrag vereinbart war, den SS-Obergruppenführer Wolf ohne Wissen Hitlers mit dem Bruder des amerikanischen Außenminister John Foster Dulles, dem Geheimdienstchef Allan Dulles in der Schweiz ausgehandelt hatte. Doch dauerte es bis zum frühen Morgen, ehe es in und um Triest ruhig wurde.

Aber keiner wußte genau, was los war. Nur soviel, unser Lazarett sollte einem serbischen Kommando übergeben werden. Da aber die Ärzte und die Verwaltung abgeholt waren, schwebten wir völlig im Ungewissen, bis ein serbischer Offizier uns erklärte, bis Mittag hätten wir Zeit, alle Waffen einzuschließen und uns zu ergeben. Auf jeden, der das Lazarett verlasse, würde geschossen. Nachdem ich als einziger Patient mit Dienstgrad ausreichend italienisch sprach, um mit dem Partisanenoffizier zu verhandeln, machte der mich kurzerhand zum „Commandante". Von den Kameraden hatte keiner was dagegen, obwohl ich nicht der Rangälteste war.

Wir hatten gerade fünf Stunden Zeit, uns zu arrangieren. Es galt sie zu nützen, die restlichen etwa fünfzig Patienten wurden verdonnert, alles was als Waffe angesehen werden konnte, in einem Laborraum zu deponieren, ihre Sachen auf das zu beschränken, was man notfalls schleppen konnte und im übrigen abzuwarten. Dann gab es ein Problem: Unter uns war ein knappes Dutzend von Waffen-SS-Soldaten. Was mit ihnen geschehen würde, konnte man sich nicht einmal ausmalen angesichts des Dramas, das sich in Sichtweite des Lazaretts auf einem Platz vor uns abspielte, wo ein Partisanentrupp eine SS-Dienststelle erobert hatte. Wir waren uns schnell einig, daß wir bis zu diesem Morgen deutsche Soldaten und Kameraden gewesen seien. In gemeinsamer Anstrengung verschwanden alle Uniformstücke mit den berüchtigten Runen und sonstigen Emblemen der SS-Verbände. Schwieriger war es, Krankenlisten und andere Papiere so zu frisieren, daß es nur Wehrmachtangehörige gab. Wie lange diese Tarnung geholfen hat, blieb ungeklärt, da in den nächsten Wochen alles durcheinander geschüttelt wurde. Erst nach Monaten kam es zu einer bürokratischen Erfassung des großen Heeres der Gefangenen in Partisanenhand.

Doch zurück zum Lazarett. Um 15 Uhr sollte ich das Häuflein übergeben. Das letzte, was der Soldat Lindschau zu tun hatte, war pflichtgemäß getan. Erst da wurde dem Menschen Lindschau klar, was geschehen war: Alles, was den Inhalt der Jahre nach Abschluß der Schule gebildet hatte, wofür er mit manchen Zweifeln zwar, aber mit einer gewissen preußischen Grundhaltung eingestanden war, war nichtig geworden. Was man in kritischen Stunden und in eng vertrauten Kameradenkreis an Zweifeln und Verzweiflung gedacht und erörtert hatte – schließlich war das Ende längst vorhersehbar – war nun Tatsache: Alles aus und vorbei.

Würde es noch ein Zuhause geben? Lebte dort noch die geliebte Frau, deren Verletzungen beim Bombenangriff vor knapp einem Jahr noch nicht ausgeheilt waren, lebten die Eltern und Geschwister? Oder – es gab Gerüchte, daß die englische Flotte in der Elbmündung landen würde – war die engere Heimat buchstäblich bei einer Endschlacht untergegangen, weil ihre schützenden Deiche dabei zerbrochen waren?

Es gab eine knappe halbe Stunde von Bilanz und Befürchtungen, die nichts ausließ: Was wird das ganz persönliche Schicksal sein? Was wird man mit dir tun? Kann der nur halb genesene, von der Verwundung noch gehbehinderte Exsoldat die Strapazen einer Gefangenschaft überleben? Hat er überhaupt irgendwo eine persönliche Chance? Hat sein Vaterland eine Chance für die Zukunft?

In der Hand wiegt schwer jene Beretta-Luxus-Pistole, die er seinerzeit in der deutschen Botschaft in Rom sich aus dem Haufen von Beutewaffen ausgesucht hatte. Zentnerschwer wiegt diese Waffe, die er sogar im Handgepäck bei der Lazaretteinlieferung als einziges mitgenommen hatte. Sollte er sie zu den übrigen militärischen Relikten des Häufleins von Ex-soldaten werfen oder . . . Es wäre doch so einfach. Ein einsamer, geschundener ehemaliger Soldat einer der ehemals so stolzen Wehrmacht eines „Führers", der sich selbst gerichtet hatte, hatte der eine Chance, ja überhaupt ein Recht, weiter zu leben? Es waren entscheidende Minuten, bis die Kombination von preußischem Pflicht- und christlichem Verantwortungsgefühl entschied: Du hast kein Recht, dich jetzt zu drücken . . .

Die Beretta wanderte auf den großen Haufen von Gewehren, Seitengewehren, Munition, Pistolen und Handgranaten, die sich angesammelt hatten. Die Tür wurde verschlossen, die Schlüssel dem Partisanenoffizier übergeben. Es gab keine deutschen Soldaten mehr, nur Gefangene und vor uns ein Weg der Leiden, von Hunger, Durst, Krankheit, Entwürdigung und Sklavenarbeit. Und es gab vor allem im ersten Jahr manche Stunde des Bedauerns, daß die Beretta nicht das letzte Wort gehabt hatte.

Todesmarsch ins Ungewisse

Quälende Ungewißheit, ja lähmende Angst herrschten im Speisesaal des Triester Lazaretts, in dem das Häuflein ehemaliger deutscher Soldaten weisungsgemäß wartete, daß jemand käme, über ihr künftiges Schicksal zu bestimmen. Erst kurz vor Dunkelheit erschien der Partisanenoffizier mit dem roten Stern an der Mütze, ließ sich den Schlüssel zur Waffenkammer aushändigen, warf einen kurzen Blick hinein und gab dann seine Instruktionen. Offensichtlich hatte es beim „Sieger" keinerlei Vorbereitungen für die Übernahme der bis dahin von der deutschen Kommandatur verwalteten Hafenstadt und Garnison gegeben. Die fünfzig friedlichen Restpatienten des Lazaretts interessierten an sich niemanden. Aber untertauchen sollten sie nicht. Wir dürften auf keinen Fall aus dem Haus heraus treten, da würde sofort geschossen. Im Übrigen sollten wir abwarten, uns ruhig verhalten, bis eine Kommission alles weitere anordnen könne. Bis dahin dürften die Küchenvorräte reichen . . .

Es sollten fast acht Tage totaler Ungewißheit vergehen, ohne daß etwas geschah. Auch in der Stadt schien es ruhig zu sein, soweit die Sicht reichte. Wir hatten mit uns selbst zu tun, und gemeinsam mit einem ehemaligen SS-Sanitäter führte ich aus Laborbeständen notwendige Behandlungen weiter. Zur Vorsorge packte ich alles, was an Tannalbin-Tabletten und Tierkohle-Kompressen auffindbar war, zusammen. Daß künftig Durchfälle und Ruhr die größte Gefahr sein würden, war mir und dem Sanitäter-Kameraden nur zu wahrscheinlich. Es sollte später kaum feststellbar sein, wievielen Kameraden damit ein Überleben gesichert wurde. Irgend welche sonstige Vorbereitungen, außer dem Bündeln von Wäsche und möglichst heilen Wolldecken, konnten mangels Masse nicht getroffen werden. Die Lazarettpatienten hatten überwiegend keine soldatische Normalausrüstung dabei gehabt, als man sie – ob verwundet oder krank – eingeliefert hatte.

Die Tage vergingen, ohne daß etwas geschah. Die Schubladen der Küche leerten sich unerbittlich. Erstaunlich war, daß niemand durchdrehte. Endlich am sechsten Tag überstürzte sich alles. Der Kommissar kam mit einem Trupp schwer bewaffneter Halbzivilisten ins Haus gestürmt, die Maschinenpistolen schußbereit in den Händen. „Los, los, heidi brrrso, brrrso", wir konnten nur unser Bündel greifen und schleunigst aus dem Lazarettgebäude rennen, um Kolbenstößen auszuweichen. Auf dem Vorplatz wartete ein wenig Vertrauen erweckender LKW auf uns. Wieder „heidi brrrso, schnell, schnell" mußten wir auf die Ladefläche springen und schon ging die Fahrt los. Wohin? Wir hatten keine Ahnung.

Ein paar Kilometer ging es die Küstenstraße nach Norden entlang, die wir kannten. Dann bog der Wagen nach Osten in holprige Landwege ab, daß wir uns verzweifelt aneinander klammerten, um nicht herabgeschleudert zu werden, während es langsam dunkelte. Nach einer knappen Stunde war die Straße wieder befestigt, dann tauchte in der Dämmerung ein großer Komplex auf, dem man ansah, daß er vor langen Jahren einmal ein stolzes kaiserlich-königliches Kasernement der weiland österreichisch-ungarischen Monarchie gewesen war.

Durch ein großes Kasernentor fuhren wir in die Anlage hinein und hielten auf einem klassischen Exerzierplatz, der für mehr als ein Regiment Raum hatte. Wir mußten hinunterspringen, mitten in ein unübersichtliches Gewimmel demontierter Soldaten, deren Uniformen auf deutsche, italienische und kroatische Truppen schließen ließen. Feldgrau überwog neben dem Dunkelblau von Marine und Blaugrau der Flieger. Unser Begleitkommando verschwand ohne weitere Erklärung im Kaserneneingang. Dafür erklärten uns die herumstehenden Kameraden die vorläufigen Spielregeln:

„Macht es euch bequem, wo gerade ihr steht, Wasser ist vorne an dem Hauptgebäude, sonst gibt es nichts, pinkeln könnt ihr an der Kasernenmauer. Nicht auffallen, sonst gibt es Prügel, oder es wird geschossen." Das war zunächst alles, schnell wurde es dunkel und irgendwie schlief man halb liegend halb sitzend ein, während ein heraufziehender heller Vollmond eine gespenstische, unwirkliche Szenerie beleuchtete, wie sie kein Opernregisseur plastischer für das Schmugglerlager in „Carmen" hätte erfinden können.

Irgendwie schlief man auf dem Kopfsteinpflaster des Kasernenhofs einige Stunden, bis die Morgenkälte steif gewordene Glieder unerbittlich hochjagte. Der riesige Hof des Kasernements barg offensichtlich mehrere tausend total verstörte Menschen, die – soweit vorhanden – irgend welche Brotreste kauten und aus ihren Kochgeschirren Wasser aus der großen Waschanlage vor den eigentlichen Kasernenblöcken tranken. Keiner wußte näheres, nur wenige Gruppen kannten sich untereinander. Das schien das einzige System: Man hatte die Soldaten, die im Großraum Triest kapituliert hatten, von ihren Dienstgraden möglichst getrennt und in verschiedene Übergangslager verteilt. Anscheinend hoffte man so die Masse ehemals feindlicher Soldaten besser beherrschen zu können. Eins nur war klar: Keiner besaß Waffen und kaum jemand noch seine Normalausstattung. Auch mißtraute jeder jedem, fürchtete Spitzel und wußte nicht, ob sein jeweiliger Truppenteil auf einer Sonderliste stand. Erst langsam stellte sich heraus, daß es kein System gab. Die Organisation der Partisanenverbände war schlicht total überfordert von der Aufgabe, mehrere hunderttausend ehemalig feindlicher Soldaten irgendwie in ein System zu bringen. Eben das sollte in den nächsten Wochen und Monaten Tausenden das Leben kosten, unabhängig von Exzessen eines vielfach verständlichen Hasses aus der Zeit erbitterter Partisanenkämpfe, in der es niemand mit den Gesetzen des Kriegsrechts allzu genau genommen hatte.

Eines blieb unvergeßlich: Fast jeder dritte oder vierte der moralisch am Boden zerstörten künftigen Kriegsgefangenen gab sich Illusionen hin. Was vor wenigen Tagen stolze großdeutsche Truppe gewesen war, entdeckte plötzlich, daß Österreicher angeblich wieder eine Nation für sich wären und – niemand wußte woher – Stoffreste gefunden hatten, aus denen man eine Miniatur-Landesflagge an die Mütze nähen konnte. Andere dokumentierten mit der Trikolore ihr Elsässertum. Sudetendeutsche stellten sich als Tschechoslowaken vor, Oberschlesier als Polen und vom Niederrhein meinten einige, eine holländische Minifahne würde sie als „Zwangs- oder Beutedeutsche" ausweisen, bevorzugte Behandlung oder schnelle Entlassung zur Folge haben. Hätte ich nicht den Daneborg wählen sollen? Schließlich kamen die Lind- schaus ja aus dem dänischen Nordschleswig. Irgendwie schämte ich mich für manche Kameraden. Verständlich mochte diese komische Reaktion sein angesichts des totalen Zusammenbruchs. Unsere Bewacher interessierten diese Spielchen überhaupt nicht, welcher brave Partisan aus dem Kosovo, Voivodina, Slawonien oder Montenegro hatte schon eine Ahnung von der Vielfalt des untergegangenen Großdeut- schen Reiches, wußte er doch kaum die Völkerschaften des Fleckenteppichs „Groß-Jugoslawien" aufzuzählen.

Im Gewühl und Gewimmel auf dem Kasernenhof gab es immer noch kein System. Niemand zählte die Menschen, fer- tigte Listen an oder kontrollierte Papiere. Am Abend des zweiten Tages gab es endlich eine Ansage, daß am nächsten Morgen abmarschiert würde. Wir sollten unsere Feldflaschen füllen und zum Abmarsch in aller Herrgottsfrühe uns bereit halten. Das wars. Im ersten Morgengrauen tauchten bewaff- nete „Soldaten" auf, die uns begleiten sollten. Sie waren noch abenteuerlicher als unsere inzwischen ziemlich derangierten Kameraden. Höchstens jeder zweite hatte eine Uniform, sonst dominierte abenteuerliches Zivil, Ausweis als Posten waren ehemalige Wehrmachtskäppis mit rotem Stern und dito Armbinden, vor allem aber die über den Arm gehängte Kalaschnikow, die in den nächsten zwei Tagen für so viele das letzte Wort sprechen sollte.

Die künftigen Begleitposten standen vor dem Tor des Ka- sernengeländes und drinnen hieß es wieder „heidi brrrso, schnell schnell". Und so wie es sich gerade ergab, verließ ein ungeordneter Haufen ehemaliger Soldaten das Kasernenge- lände, jede dritte Reihe links und rechts flankiert mit einem MP-Träger. Bei ständig steigender Hitze trottete eine endlose Kolonne auf ungepflasterten Landwegen durch die eigenwil- lige Karstlandschaft der Halbinsel Istrien gen Osten, stumpf und stolpernd angetrieben wie eine Viehherde, etwa jene unendlichen Rinderherden, wie man sie später einmal in klassischen Western würde bewundern können. Nur zu diesem Zeitpunkt war es ganz anders. Mitte Mai brannte eine unerbittliche Sonne auf die Kalksteine der istrischen Karstlandschaft, deren Wälder in Jahrhunderten für Venedigs Kriegs- und Handelsflotten geopfert wurden. All zu schnell waren die Feldflaschen geleert. Steinchen unter die Zunge legen, Rezept aus Karl-May-Lektüre erwies sich als hilfreich, brachte aber nur bedingt Linderung. Zu essen hatte es nichts gegeben, die letzte Brotkrume war bis auf den letzten Krümel verdrückt. Würden die Kräfte reichen bis Fiume (Rijeka), dort sollte das erste richtige Lager sein . . .

Ein Lager an der Donau – G 1

Ende Mai 1945: Über die Straßen Sloweniens und Kroatiens ziehen graue Kolonnen des Elends. Fünf- bis zehntausend und mehr Menschen, wankend vor Schwäche mit staubgrauen unrasierten Gesichtern, die Füße größtenteils mit Lumpen umwickelt, einzelne in tausendfach geflickten Lumpengewändern, so schleichen die Kolonnen stumpf voran, gen Süden und Osten, kreuz und quer durch den nördlichen Balkan. Wo eine Quelle ist oder ein Brunnen, da stauen sich die Kolonnen, schieben sich zusammen zu schreienden Knäueln. Links und rechts gehen Männer mit Gewehren, ein braungrünes Käppi mit rotem Stern in die Stirn gezogen, sonst tragen sie Bruchteile aller auf den Schauplätzen des beendeten Krieges getragenen Uniformen. Sie suchen den Dürstenden das Wasser zu verwehren. Mehr als einmal knallt es irgendwo. Jemand sinkt zusammen. Was macht das? Es ist ja so egal wie du stirbst, heute von einer Kugel, morgen vor Hunger, Schwäche und Durst, übermorgen an der Ruhr oder in drei Wochen an Typhus. Die Kugel kann höchstens der anständigste Schlußpunkt sein unter ein sinnlos gewordenes Soldatenschicksal. „Hitler kaputt! Deutschland, Deutschland über alles – kaputt" brüllt höhnisch ein Käppigezierter und schubst mit dem Kolben nach einem alten Stabsoffizier, der auf einen Stock gestützt Mühe hat, mitzuhalten. „Heidi, Heidi, Heidi brrso!" „Heidi los!" Wie das Bellen einer Meute von Hunden geiferte das „Heidi!" um die müde schleichende Kolonne, die seit acht Tagen keine Verpflegung mehr geliefert bekam. Vor allem am Schluß, dort wo zwei kräftige Unteroffiziere einen wankenden Kameraden eingehakt halten, um ihn mitzuschleppen. Sie werden selbst weich dabei. „Laßt mich!" sagt der in der Mitte, „es geht doch nicht mehr! Es ist ja auch so egal!" Noch einen Kilometer halten ihn die anderen, immer wieder schubst der Kolben nach, gellt ihnen das „Heidi" in den Ohren. Werden sie bis zum Tagesziel durchhalten? Der Kamerad hat nur eine leichte Hitzeschwäche. Nach einer Nacht unter kühlem sternklaren Himmel kann das vorüber sein, vielleicht gibt es heute die versprochene Suppe. Aber es geht nicht mehr. Zwischen ihnen rutscht der andere herunter, fällt auf die Straße. Die beiden schubst der Kolben weiter. Was hinter ihnen kommt? – Nicht umsehen, Kameraden! Da stochert ein Seitengewehr ein wenig zwischen Rippen, als da noch kein Aufstehen erfolgt, knallt es zweimal kurz und bellend auf, dann fliegt die MP wieder gleichgültig auf die Schulter des Käppimannes . . .

Ein Lager an der Donau im Winter 1945/46. Vier Mauern einer alten Werkhalle, im Dach ein Oberlicht ohne Scheiben, darunter liegt fußhoher Schnee mitten im Raum. Die Bogenfenster sind mit Maisstroh zugestellt. Dreihundert Mann liegen längs den Wänden im Stroh. Eng drängen sich die frierenden klappernden Körper unter Säcken, mit denen Füße und Arme umschlungen sind, aus denen merkwürdige Hosen, Jacken und Hemden darstellende Gebilde gefertigt wurden. In der Mitte ist an einer Stelle der Schnee etwas beiseite gefegt, dort flackert ein kleines Feuer, ein paar Menschen hokken drum, wärmen sich die Hände und rösten einen Brocken Maisbrot an der Spitze eines Stöckchens in der Glut. Dann kommt ein Soldat mit einer Lampe, hinter ihm vier mit Gewehren. „Heidi, Heidi! Brrso, Arrbeit, Arrbeit!" Aus dem Stroh springen sie auf, ehe Fußtritte oder Kolbenstöße sie erreichen. Im Vorraum gibt es einen Schlag heiße Suppe, das Brot dazu holen sie sich aus den Lumpen am Leibe heraus, da friert es nicht so schnell. Dann geht es drei Kilometer zur Donau. Im trabenden Kreislauf werden schwere Säcke vom Zug zum Donaukahn geschleppt. Einer stürzt auf der glatten Laufplanke, der Sack fällt ins Wasser. Mit Mühe kommt der Gestürzte wieder hoch, die Hose ist zerrissen, eine blutige Schramme an der Wade zu sehen. Ein Stock pfeift durch die Luft, klatscht unbarmherzig auf den Rücken. „Saboteur!"

Am Rande einer ehemals volksdeutschen Stadt des Banats tragen vier Mann eine Kiste aus einem umfangreichen Barakkenlager zu einer Grube im Acker. Dort kippen sie die Kiste um. In eine Plane eingewickelt fällt eine Leiche herunter. Erde drüber, zurück mit der leeren Kiste. Sie gehen noch fünfmal an diesem Tag. Der Acker ist umgewühlt. Wieviele hier liegen? In den Baracken liegen sie zu zweit in einem Bett, Kranke und Genesende. Dicke Füße, Nephritis haben die meisten. Furunkelosen, Verletzungen durch Unfälle, in Sonderbaracken Ruhr, Typhus und Fleckfieber. Wer hierher kommt, ist glücklich. Es gibt etwas an Medikamenten, bessere Verpflegung und Zigaretten. Für zu viele erfolgt die Einweisung zu spät. Jeden Tag wandert die Kiste in diesem ersten Winter, drei-, vier-, ja zehnmal – der Tod fordert noch mehr als auf dem Marsch, von dem sich noch niemand richtig erholt hat . . .

„Huala Bogu"

Es ist Januar 1946 im Papuk irgendwo in Slawonien, das wir gerne mit Slowenien verwechseln, niemand kennt sich hier genau aus, wo eigentlich der „Bischofswald" liegt, in dem wir riesige Eichen und Buchen fällen und auf transportfähige Stücke zerlegen. Was von der uns zugedachten Verpflegung welche Wege geht, bleibt unerfindlich. Außer schmalen Portionen halbgebackenen, klitschigen Maisbrots gibt es nur eine Suppe aus sauren Rüben. Alles übrige, was auf verschlungenen Wegen zu dem Lager von Lehmhütten gelangen sollte, wird offensichtlich irgendwo verschoben. Für meine, durch mehrere Ruhranfälle stark mitgenommenen Eingeweide war die Rübensäure schieres Gift. Von dem gleichfalls kaum genießbaren „Brot" allein hätte ich kaum überleben können. Der Vorteil dieses Primitivlagers: Unsere Posten wissen, daß es in der Einöde keine Chance zur Flucht gibt, so kann man sich in dem abgelegenen Tal, in das nur eine Schmalspur-Lorenbahn führt, ungezwungen bewegen. Wer nicht erfrieren wollte, mußte zu den Lehmhütten zurückkommen . . .

Kurz vor Sonnenaufgang an einem klaren, hellen Februarsonntag riskiere ich es: Rechts des Schienenstrangs soll es ein Bauerndorf geben. Unter der hundertfach geflickten ehemaligen Uniformjacke verbirgt sich ein Hamstersack. Ein selbstgeschnittener Knotenstock erleichtert das Gehen im weglosen Gelände. Etwa 6 Kilometer durch diesen Hochwald müßte ich gehen, hat mir der Kamerad verraten. Immer der aufgehenden Sonne entgegen, dann würde ich auf winzige Dörfer treffen, in denen uns freundlich gesinnte Kroaten wohnen.

Allmählich läßt das Herzklopfen nach, die Lagerstreife hat nicht gemerkt, daß mal wieder einer auf Tour geht. Ich entdecke Spuren von Reh, Hase und Fuchs zwischen den Büschen. Ich versuche mir Zeichen für den Rückweg zu merken. Es würde ja reichen, irgendwo den Einschnitt für die Lorenbahn zu entdecken, dann fände man auch im Dunkeln wieder „nach Hause". Wird dann der Bettelsack gefüllt sein, mir helfen, die nächste Woche zu überstehen, daß sich die entzündete Darmschleimhaut, ohne die Rübensäure, erholt? Das ist die einzige Chance, die ich habe, und sonst? Es liegen schon all zu viele von uns ohne Kreuz und Stein in jugoslawischer Erde . . .

Erstmal genieße ich das Gefühl, frei auszuschreiten, hier im Wald droht keinerlei Gefahr. Irgendwo klopft ein Specht, bricht ein Stück Wild aufgescheucht durchs Unterholz. Du bist allein in der stillen Weite. Du denkst noch einmal an das erste Stück Brot auf dem Hungermarsch vor dem Etappenziel Karlovatsch. Damals – nie wirst du es wieder vergessen – kam dir unbewußt, von Tränen erstickt – lange Zeit verschüttet die Bitte des Vaterunser über die Lippen „Unser täglich Brot gib uns heute" und kaum einer der nahezu Zehntausend auf der großen Wiese, der den kleinen Brocken ohne diese schlichten Worte zu kauen vermag. Wie würde es heute sein? Wirst du endlich wieder einmal ein richtiges Stück Brot bekommen?

Langsam kommt die Sonne wie ein riesiger roter Ball durch die verschneiten Zweige, in denen ein erstes Knospenschwellen das Wunder des erhaltenen Lebens in der tödlichen Wintererstarrung verraten. Dann lichtet sich der Wald, in der Ferne taucht ein spitzer Zwillingsturm auf. Das muß Jakovo sein. 25 Kilometer sind es bis dahin, wo es eine Milizstation gibt. Aber gleich hinter der Waldecke sollen winzige Häuschen des ersten Dorfes kommen. Plötzlich lautes Gebell: „Verfl...! Sollte die ganze Tour schon vorbei sein? Warten statt Brot und Speck Schläge und Arrest?"

Ein gutmütig grinsendes Altersgesicht verscheucht Sorgen und Bedenken. Der Schweinehirt ruft den Köter zurück. „Sdravstravo", so sagt man im modernen Jugoslawien. Aber der Alte schüttelt den Kopf „Nischta S'Bogu!" „Mit Gott" meint er, das sei besser. Dann holt er ein Stück Speck und Brot aus der Tasche und teilt es. Ein ungeahnter Genuß! Seine Schweine wühlen und suchen eifrig unter der dicken Schneedecke nach Eicheln und Bucheckern vom vergangenen Herbst. Das kleine Feuer, an dem er hockte, hatte ich - ganz in Gedanken versunken – hinter dem dicken Baum gar nicht bemerkt . . .

Mit vielen Zeichen und noch mehr Worten, von denen ich höchstens die Hälfte verstehe, macht er mir klar, wie ich weitergehen soll. Welchen Weg ich meiden muß, damit mich die Milizstreifen nicht erwischen. Die hätten andere Kameraden furchtbar geschlagen, bevor sie sie ins Lager zurück schickten. Als ich mich verabschiede und danke, meint er wieder „Nischta, Huala Bogu!" – „Dank nicht mir, danke Gott!"

„Huala Bogu!" – Ich habe es noch oft gehört an jenem Tag, wenn mir wieder ein Bauer oder eine alte Frau einen ordentlichen Kanten köstlichen Weißbrotes in den Hamstersack steckte, der allmählich ganz prall wurde, in dem ich Käse, Speck und Eier verschwinden ließ. Die zugenähten Restbeine meiner letzten Unterhose erfüllten eine neue Rolle als Mehlbeutel. Keiner wollte etwas von Dank wissen. „Huala Bogu!" – Der Herr wird wissen, daß wir ihn nicht vergessen haben, unter Tito und seiner Kommunistenherrschaft. Vielleicht ist irgendwo ein Christenmensch, der unserem Sohn ein Gleiches tut, den sie auch irgendwo in einem Lager festhalten. Und sollte er nicht mehr leben, so wird er dennoch spüren, daß wir einem gleich armen Menschen halfen, das schwerste Los zu tragen.

Niemals werde ich jene von Leid gebeugte alte Witwe in ihrer Hütte vergessen, die selber kaum etwas zu beißen hatte. Sie lud mich ein, ihr karges Abendessen zu teilen: In der irdenen Schüssel warme Milch mit etwas eingebrocktem Brot. Ich schämte mich fast meines vollen „Beutesackes". Sie aber meinte, der müsse noch lange vorhalten und sicher wären noch mehr hungrige Mägen bei uns im Lager. Wie es da zuging, wußte man im weiten Umkreis. Ich dachte an das Scherflein der Witwe. Ihr Mann war im ersten Weltkrieg geblieben, irgendwo in den Karparten. Ihren Sohn hatten die Partisanen als Ustascha-Soldaten im Vorjahr erschlagen. Sie sprach gut deutsch, stammte aus dem Banat und hatte in ihrer

Jugend dort einmal bei deutschen Bauern als Magd gedient. „Sag, mein Jung, deinen Eltern und deiner Frau, sag es auch den andern daheim, daß du hier unten auch gute Menschen getroffen hast, die den Glauben der Väter hochhalten. Wir sind arme Leute, aber wir geben gern euch armen Menschen, um gut zu machen, was die anderen an euch sündigen. Der Herrgott wird es sehen und unser Land nicht ganz verdammen." Sie sagte es mit einfachen Worten, aber sie sind mir im Gedächtnis geblieben. Sie steht für viele alte Mütterlein als Vertreterin der anderen Jugoslawiens, das festhielt an Glaube und Sitte der Väter, das zu mildern versuchte, was das System uns damals antat. Ohne diese Menschen deckte mich und viele Kameraden jugoslawische Erde. Nicht vergessen auch ihr mütterlicher Segen. Sie tat mehr als jene tausend schöne Völkerverbrüderungsphrasen der späteren offiziellen Politik. Man möchte ihnen noch einmal Dank zurufen, aber sie würden nur sagen „Huala Bogu!" . . .

Der Heidekönig und der Führer

Das erste Jahr Gefangenschaft „in den Schluchten des Balkan" hatten wir hinter uns. Daß wir die permanente Unterernährung überstanden hatten, war eher ein Wunder. Wir – das war die etwas größere Hälfte derer, die in den ersten Maitagen 1945 die großen Hungermärsche von Nord nach Süd und Ost nach West ebenso überstanden hatten wie die Ruhranfälle und die Überforderung unserer von ständigem Hunger geschwächten Körper durch Schwerstarbeit. Noch heute ist unerfindlich, wie ich es fertigbrachte, bei stattlichem Gardemaß, aber gerade noch 90 Pfund, die vom ursprünglichen Halbschwergewicht übrig geblieben waren, stundenlang mit dem Vorschlaghammer die Betonpfeiler des zerbombten Bahnausbesserungswerks Slavonisch Brod zu zertrümmern, um die Spannstahl-Konstruktion zu bergen, die als wertvoller Rohstoff galt. Wohin wir danach auf den verschiedensten Kommandos als Holzfäller, Strecken- und Wegebauer verschleppt wurden, blieb uns ebenso unklar wie alles, was inzwischen in der Welt und besonders zu Hause geschehen war. Auf unsere Meldekarten an das Internationale Rote Kreuz standen die Antworten immer noch aus. Wir wußten nur, daß der Krieg verloren, ganz Deutschland besetzt und aufgeteilt war. Wie, darüber gab es nur Gerüchte, ebenso über Strafmaßnahmen der Sieger. Auch aus Lagern und Kommandos waren Kameraden verschwunden, nachdem wir Fragebogen hatten ausfüllen müssen. Von Verschickung in Bleibergwerke und Auslieferung nach Rußland wurde geredet, Latrinengerüchte, Wahrheit oder bewußte Verunsicherung von Menschen, die fast den letzten Rest von Menschenwürde verloren hatten? In Pristina wurden wir erstmals satt. Wir waren ein kleines Arbeitskommando der 3. Proletarska Divisia, einer Elitetruppe der jugoslawischen Volksarmee, und die erhielt Vorzugsversorgung. Was aber die Rekruten nicht aufaßen, was anderswo in den Schweinetrögen landete, damit konnten wir uns buchstäblich mästen. Mit dem ständig bohrenden Hunger wich aber auch das totale Desinteresse an allem, was über die Befriedigung der elementarsten Lebensbedürfnisse hinausging. Wir begannen ernsthaft über unsere Situation nachzudenken und wir hörten von den Soldaten, unter denen sich erstmals auch Rückkehrer aus deutschen Gefangenenlagern befanden, etwas über die Entwicklung in der Heimat. Die ganze Aussichtslosigkeit unserer Situation wurde uns bewußt, würden wir etwa eines Tages an Titos großen Bruder ausgeliefert, Sklaven auf Lebenszeit? Wem verdanken wir das alles. Der Ruf „Wir danken unserm Führer" hatte schon in Wehrmachtstagen zunehmend bitter-ironischen Geschmack bekommen. Nun erhielt er eine neue Qualität. Was hatte alles zu bedeuten? Es gab kaum Kameraden, die ein Wort zur Verteidigung wagten. Waren wir nicht die besten Zeugen, die Opfer eines Größenwahnsinnigen?

Einer schwieg, auf den wir sonst gern hörten, ein niedersächsischer Bauer, unser Ältester, der in allen praktischen Fragen Rat wußte. Wir nannten ihn den Heidekönig. Als nachgeborener Jungbauer hatte er den Wettkampf unter fünf Vettern gewonnen. Alle hatten sie ein Jahr auf dem Hof einer Tante gearbeitet. Dem Tüchtigsten hatte sie den Hof versprochen, nachdem der eigene Sohn das Erbe nach schwerem Unfall nicht antreten konnte. Es ging um ein kleines Königreich. 1700 Morgen in idealer Aufteilung von Acker, Grünland und Wald mit einem Hofgebäude, das beinahe Herrenhaus-Charakter hatte. Ein kleines Königreich. Daher der Spitzname. Hannes schwieg sich aus. „Wat schall dat, wat vörbi is, is vörbi, de Kerl is dot, hätt sick verdrückt."

Die Kameraden gaben nicht nach. Schließlich meinte Hannes, das ganze Drama sei eben Größenwahnsinn. Wolle es an seinem Beispiel erklären. Da bekäme einer einen großen aber ziemlich herabgewirtschafteten Bauernhof und die Leute meinten, er werde das schon hinkriegen, obwohl schlechte Zeiten wären. Und dann legt er los, die Banken geben ihm Kredit. Er führt neue Methoden ein. Er ersetzt die Pferde durch neue Trecker, wandelt dürftiges Grasland mit viel künstlichem Dünger und künstlicher Entwässerung in ertragreiche Äcker. Er baut neue Ställe und bringt den Betrieb so richtig in Schwung. Er wird Bauernvorstand und Dorfbürgermeister. Keiner merkt, daß all die guten Dinge zwar schön aussehen und sich alles gut zu machen scheint. Nur die Schulden steigen stärker als die Erträge. Keiner hat gemerkt, daß er nicht nur bei einer Bank sich Geld geholt hat, daß ein versteckter Schuldenberg längst über das Hofdach hinaus angewachsen ist, daß der stolze Großbauer längst pleite ist. Eines nachts passiert es dann. Die stolzen neuen Gebäude stehen in Flammen, auch die Nachbarhöfe brennen. Frauen und Kinder sterben in den Flammen. Und man findet in der Hofeiche den Superbauer erhängt auf. Er war zum Verbrecher geworden, stürzte seine Gläubiger in den Ruin, unschuldige Nachbarn in den Tod und entzieht sich dann seiner Verantwortung: „Für mich ist so ein Kerl einfach nicht bauernfähig – und nun laßt mich in Ruhe. Es nützt uns alles nichts. Wir stecken selbst bis zum Hals in der Scheiße!"

Trotz allem ein versöhnliches Ende . . .

In der zweiten Hälfte des vierten Gefangenenjahres verdichten sich die Gerüchte, daß es am Ende doch noch eine Aussicht auf Heimkehr geben soll. Sie mischen sich mit den unterschiedlichsten „Latrinenparolen": Die allerschlimmste, man werde uns den Russen übergeben, obwohl in der Zwischenzeit durchgesickert ist, daß zwischen Stalin und Tito das Tischtuch völlig zerschnitten ist, daß der Balkanpartisan sich von der „Kommunistischen Internationale Komintern" losgesagt hat. Obwohl inzwischen die Lagerorganisation längst eine besondere Art kommunistischer Bürokratie entwickelt hat, scheint die Kenntnis über zivile und militärische Personalien der Gefangenen ziemlich dürftig zu sein.

Mindestens dreimal hat jeder Gefangene seinen Lebenslauf schreiben müssen. Truppenteil, Dienstgrad und Einsatzzeiten sollten durch Zeugen erhärtet werden. Das große Chaos der Hungermärsche und die riesigen Ausfälle durch Hunger und Krankheiten, vor allem aber das völlige Fehlen einer echten Organisation für das Gefangenenwesen gaben vielerlei Gelegenheiten zum Untertauchen. Die mehrmaligen Lebenslauf-Aktionen galten als eidesstattliche Erklärungen. Sie waren auch Anlaß zu mancher Suchaktion in den Lagern zwischen Slowenien und Mazedonien, aber im Vorfeld sich abzeichnender Entlassungspläne kamen immer wieder Sonderkommissare, die nach Angehörigen von „verdächtigen" Divisionen suchten und ominöse Namenslisten mit sich führten.

Die großen Kriegsverbrecherprozesse waren längst vorbei, ohne daß man die Gefangenen über den Verlauf oder die Ergebnisse unterrichtet hätte. Man sagte ihnen nur, daß ihre Generale von 1945 zum Strang verurteilt worden seien. Jeder Kommandeur hatte damals vorweg als Verbrecher gegolten. Besonders die Offizierslager waren mehrfach durchkämmt worden. Da vor allem in der Anfangszeit jeder jedem mißtraute und die meisten ungenaue Angaben über Einsatzorte und Truppenteile gemacht hatten, gab es manches „U-Boot". Aber auch die Angehörigen der SS-Verbände waren größtenteils durch ihre Blutgruppentätowierungen am Oberarm erkannt und in Sonderlager verbracht worden. Es wurde immer wieder von den Bleibergwerken gemunkelt, in denen auch die verschwinden würden, die irgendwie auffielen.

Die Kameraden selbst wußten nur wenig von Sondereinheiten, nach deren Angehörigen immer noch gefahndet wurde. Da ich nichts über die Details des Balkaneinsatzes wußte, mußte ich besonders vorsichtig sein und sicherheitshalber Angaben über unverdächtige Einsatzorte in Italien machen. Bei den meisten Kameraden mischten sich in die Hoffnung auf Entlassung Ängste und Zweifel, ob man wirklich dabei sein würde.

Dann hört man, daß zunächst alle durch ein Schleusenlager auf dem Belgrader Calvarienberg geschleust werden. Das Bedrückende: Titos Fachleute – so wird in den Lagern getuschelt – hätten ihre Aktionen abgeschlossen, aber ein deutscher Vernehmungsstab der Antifa unter einem Adolf Ische – der Name wird bloß geflüstert – suche und fände immer noch Zeugen „und Verbrecher", die sich bis jetzt getarnt hätten. Von dreißig Namen allein in unserem Bereich ist die Rede, aber kein einziger wird genannt: Das Mißtrauen schleicht sich durch die Gruppen von Kameraden, die zum Teil jahrelang nebeneinander auf Strohschütten verbracht haben.

Als wir im Entlaßlager eintreffen, geht das Geraune erst richtig los. Da wird gezählt, wenn eine Gruppe in den „Schleusentrakt" geführt wird. Wer kommt in die Isolierbaracke, wer in den Ausgangssaal, der zum Verladebahnhof führt?

Der Vernehmungsstab sucht angeblich nicht nur nach mutmaßlichen, bisher geschickt getarnten echten oder angeblichen „Kriegsverbrechern", sondern auch – so heißt es – nach Zeugen, die Untaten der Partisanen in den Wochen des Zusammenbruchs dokumentieren könnten. Und davon gibt es genügend traurige Beispiele wie das Schicksal jener Ungezählten, die sich nach Belgrads Fall vertrauensvoll ergeben hatten und in der Donau ein kühles Grab fanden. Erst Jahre später wurde einiges offenbar, was niemals hätte geschehen dürfen, was den Ausgang der vermutlich verlustreichsten Gefangenentragödie am Schluß des zweiten Weltenbrandes wohl für alle Zeiten belastet.

Dabei hatte sich das mörderische Klima in den ersten Lagern zunehmend aufgehellt, als sich die Verhältnisse im Lande zu normalisieren begannen. Heimkehrende Titosoldaten, die zunächst nur Greuelgeschichten erzählt hatten, weil sie fürchteten, wegen ihrer Gefangennahme vor Kriegsgerichte gestellt zu werden, berichteten überwiegend, daß man sie in Deutschland zumeist anständig behandelt habe. Mancher berichtete sogar voll Stolz, daß man sie bei Einzeleinsatz auf Bauernhöfen als tüchtige Hilfskräfte geschätzt hätte. Umgekehrt erkannten die deutschen Gefangenen, daß an unerträglichen, oft genug tödlichen Umständen der ersten Monate der Gefangenschaft Hunger und Elend der „Gastgeber" selbst wesentlich beigetragen hatten. Auch die Bewohner von ehemaligen Kampfgebieten hungerten und froren damals oft selber in einem kaum vorstellbaren Ausmaß.

Zunehmend lernten die Gefangenen auch, daß die anfangs geübte Praxis, wo immer es ging, zu sabotieren statt sinnvolle Aufbauarbeit zu leisten, zu nichts führte. Ab dem zweiten Jahr der Gefangenschaft normalisierten sich die Verhältnisse. Auf beiden Seiten entspannten sich die Gefühle teilweise sogar bis zu gegenseitiger Anerkennung und Freundschaft, wenn man beiderseits stolz auf das Ergebnis gemeinsamen Einsatzes sein konnte. Das Ergebnis dieser Entwicklung wurde abschließend von Marschall Tito offiziell anerkannt. Man habe von den „Zarobliniki" viel gelernt. Sie hätten dafür gesorgt, daß „Germanski" beinahe ein Ehrentitel geworden war. Manche behaupteten sogar, der Marschall habe intern erklärt, man müsse die unfreiwilligen Gäste endlich heimschicken, damit man lerne und beweise, daß man auch selbst seine Probleme lösen könne.

Dennoch blieben über dem Ende der Gefangenschaft düstere Schatten, von niemals genau erfaßten Unrechtsurteilen, die das gegenseitige Verhältnis noch lange Zeit belastet haben. Als auf dem Belgrader Verladebahnhof die Türen der geschlossenen Güterwagen zugeschoben wurden, herrschte immer noch ein dumpfes Gefühl von Angst und Bedrückung. Auf Trittbrettern und Puffern fuhren bewaffnete Militärposten, während unendlich langsam uns die „Deutsche Reichsbahn" nordwärts transportierte. Was würde wirklich das Ziel sein? Als bei Laibach der Transport in den Grenztunnel einfuhr, die Posten vorher absprangen, glaubten wir endlich an die Freiheit. Plötzlich lockerte sich die Klammer um die Brust, fielen wir uns gegenseitig in die Arme und als jemand das Deutschlandlied anstimmte, sangen alle aus voller Brust zum ersten Mal nach jenem 1. Mai 1945 die Nationalhymne, keiner mit trockenen Augen, und niemand, der diese Stunde erlebte, wird sie vergessen.

Für alle war ein Kapitel ihres Lebens in einer Form zu Ende gegangen, die sie kaum noch zu hoffen gewagt hatten. Sie verließen ein Land, in dem ungezählte Kameraden ohne eine Grabstätte geblieben sind, in dem sie einen Härtetest ohne Beispiel durchstehen mußten, in dem sie aber auch erfuhren, daß überall auf der Welt es Menschen gibt, die selbst am Ende des bis dahin schlimmsten Krieges im Stande waren, allzu berechtigten Haß ebenso zu überwinden wie unberechtigten Hochmut und Verachtung für angeblich minderwertige Menschen anderer Kultur und Lebensbereiche. Wer hätte damals daran gedacht, daß ein knappes Jahrzehnt später die Heimat der „Zarobliniki" einerseits das Wunschziel Hunderttausender Jugoslawen für ein besseres Dasein, umgekehrt aber ihre Adriabäder das Traumland deutscher Urlauber sein würde, deren „D-Mark" als gehobene Währung den ewig schwachen „Dinar" in der Gunst der Balkanvölker vielfach verdrängen würde.

Erntetraum

Letzte Wärme strahlt die Sonne
übers Wasser . . .
Leichte Ruderschläge treiben Boot und Träume
in die Ferne,
wo die Glocken läuten,
wo die Mägde singen
zwischen totem Korn.
Hohe Wagen tragen goldene Last,
Brot der Zukunft,
und das Licht erstrahlt
über klare Weite,
über Land, das atmet
und das wirkt . . .
Bald wird Tod sein:
schon steht Feld bei Feld
nur im Schmuck der Garben,
erstes braunes Laub
sinkt herab, leblos . . .
Doch wir träumen noch vom Leben,
von der Schönheit, die im Reifen
sich noch offenbart.
Ernte wird der Herbst uns geben,
Lenz wird über Winter greifen,
neu entsteht, was treu bewahrt,
tief im Schoß der Muttererde . . .
Wieder schallt das: Stirb und Werde!
schließt sich letztes Dunkel
klar zum Kreis.

Teil III

Eine „beinahe bürgerliche Existenz"

Wieder in einer deutschen Zeitung

Das erste Weihnachtsfest „daheim" war trotz einer emotionalen Überlastung überstanden. „Daheim" – das war nicht die eigene Wohnung, die wir uns trotz kriegsbedingter Einschränkungen mit viel Liebe und freundlicher Unterstützung nach unserem Geschmack hatten einrichten können, zu deren Mittelpunkt ein handgeschnitztes „Wilstermarschzimmer" in dunkler Eiche mit den typischen Einlegearbeiten in Ebenholz und Elfenbein gehörte. Die Prunkstücke, eine Truhe aus dem 18. Jahrhundert und die von Meister Meyer mit über 80 Jahren gefertigte Wiege für unser Hilkelein, das den Bombenangriff nicht überlebt hatte. Das einzige, was alles überstanden hatte, war die inzwischen reparierte historische Truhe. Was sonst noch an Hausrat in der Notwohnung vorhanden war, waren milde Gaben der Verwandtschaft für das Allernötigste. Trotzdem hatten wir glückliche Weihnacht gefeiert.

Die Genesung machte Fortschritte und ich dachte an den ersten Artikel, den ich hoffte irgendwo unterbringen zu können. Eine alte Tante hatte eine Schreibmaschine auf ihrem Boden gefunden und darauf begann ich zu klappern. Es ging. So entstand das erste Produkt für die inzwischen gerade wieder herauskommenden deutschen Zeitungen. Zu den Kollegen vom Flensburger Tageblatt gab es noch einen Draht. Sie hatten den traurigen Ruhm, die allerletzte „Göbbels-Zeitung" noch acht Tage nach der Kapitulation drucken zu können. Flensburg war bis dahin der letzte Sitz einer „großdeutschen Regierung" unter Admiral Dönitz, ehe alles unter Militärregierung gestellt worden war.

So kam es, daß der erste „NHL" nach dem Krieg in Flensburg erschien. Noch eine unvergeßliche Erinnerung daran: Das ehemalige Kindermädchen meiner Frau hatte einen Mann geheiratet, der weniger Glück gehabt hatte als ich. Seit dem „Hungermarsch", bei dem wir vielleicht ohne es zu wissen in einer Kolonne halb tot vor Hunger über dalmatinische Feldwege wie Vieh getrieben wurden, fehlte von ihm jede Spur. „Uns Marie" zeigte mir Jahre später ein Zeitungsblatt, das sie in der Bibel aufhob, um es den Kindern zu übergeben, wenn sie das alles begreifen konnten. „Da hat einer alles geschrieben, wie es war", sagte sie, „und andere Kameradenfrauen haben sich das auch besorgt und in ihre Bibel gelegt." Mir kamen beinahe die Tränen. Marie hat mein Zeichen nicht erkannt. Und nun hatte dies längst vergilbte Stück Papier ganz besondere Bedeutung. In wieviel Bibeln im Schleswigschen es vielleicht als einzige Erinnerung an einen fast vergessenen Vater oder Großvater noch existiert, wird kaum festzustellen sein. Für den Autor aber ist die Lektüre auch ein Symptom dafür, daß der Heimkehrer, der dreieinhalb Jahre kein einziges Wort zu Papier gebracht hatte, noch lernen müßte, wieder zur alten Form, eher einer besseren neueren, richtig aufzulaufen. Darum nachstehend das Original:

Flensburger Tageblatt, 29. Januar 1949

Mit dem Eintreffen der letzten regelmäßigen Transporte von Kriegsgefangenen aus Jugoslawien in diesen Tagen schließt ein wechselvolles Kapitel deutschen Soldatenschicksals in der Nachkriegszeit ab. Als Generaloberst Löhr im Belgrader Prozeß der Anklagevertretung die Gegenfrage nach dem Verbleib seiner Soldaten stellte, schwieg Belgrad, und es wird niemals genau offenbar werden, wieviele ehemalige deutsche Soldaten im ersten Jahr der jugoslawischen Kriegsgefangenschaft ums Leben gekommen sind. 58000 umfaßt die offizielle Heimkehrerliste, über 12000 mögen als Kranke oder politisch Bevorrechtigte in den Jahren 1946/47 heimgekehrt sein, dazu etwa 10000 Österreicher und einige Tausend Minderheitsangehörige anderer Nationen, die zum Teil schon früher entlassen wurden. Die Gesamtzahl der bei der Kapitulation gefangengenommenen deutschen Soldaten wurde von diesen selbst auf 130000 bis 150000 Mann geschätzt.

Die Differenz ruft jene Tage im Mai und Juni 1945 in die Erinnerung zurück, in denen sich kreuz und quer durch den Norden des Landes Züge des Elends wälzten, Kolonnen von jeweils 8000 bis 15000 abgestumpften hungernden Menschen, die wie Vieh sinnlos ohne die geringsten Versorgungsmaßnahmen zum Teil Strecken von 1000 km und mehr hin-

und hergejagt wurden. Der Hungermarsch in Jugoslawien, der allen Teilnehmern noch heute das Grausen überkommen läßt. Am Ende der Kolonnen klang immer wieder das helle Bellen der MP, klangen Gewehrschüsse auf, die den Hunger- und Durstqualen der Zusammenbrechenden ein Ende bereiteten. Als dann nach vier bis sechs Wochen die ersten primitiven Lager und Lazarette eingerichtet wurden, fielen der Ruhr, dem Hunger, der Erschöpfung weitere Tausende zum Opfer, dazu brachte der erste Winter in verschiedenen Lagern Fleckfieberepidemien. Bekleidung und Schuhwerk wurden zu Fetzen, und das Zeichen der „Zarobleniki" wurden die aus tausend Flicken bestehenden Hosen und Jacken, die oft die ärgste Blöße nicht zu verdecken vermochten.

Dennoch siegte der Selbstbehauptungswille in den abgerissenen, körperlich und seelisch zermürbten Gefangenen. Wo immer die kleinste Möglichkeit gegeben war, wurde durch Eigeninitiative das Lagerdasein verbessert, wozu die Aufsplitterung in kleine und kleinste Arbeitsgruppen beitrug. Die Versuche, die Gefangenen für das politische System des Landes zu gewinnen, setzten ein, die Arbeit der „Antifa", deren streng bolschewistischem Kurs die breite Masse mit gleichgültiger Passivität antwortete. Der Lauf der Jahre schliff manche Überspitzungen ab. Fleiß, Gründlichkeit und fachliches Können erwarben langsam und sicher überall Anerkennung. Der Komintern-Konflikt (Titos Abfall von Moskau) tat am Schluß ein übriges, die Lage der Gefangenen bis zu völlig freiem Arbeitsverhältnis mit für Gefangenenarbeit guter Entlohnung zu schaffen.

Mehr und mehr wurden aus den abgerissenen Zarobleniki der ersten Jahre die anständig gekleideten, frei umherlaufenden deutschen Arbeitskameraden des Jahres 1948, deren entscheidender Anteil an der Entwicklung des Landes selbst von den höchsten jugoslawischen Stellen in Rechnung gestellt und zurückhaltend anerkannt wurde. Der Fünfjahresplan in seinen Anfangserfolgen war ohne die Arbeit der Gefangenen undenkbar. Tito selbst nahm stärksten Anteil und verlangte, daß durch gute Behandlung und großzügige Versprechungen möglichst viele Gefangene zu freiwilliger Verpflichtung überredet würden.

Dann begann nach tausend falschen Versprechungen und getäuschten Hoffnungen endlich am 1. November 1948 die planmäßige Entlassung. Die letzten Wochen in den Lagern wurden durch umfangreiche Reihumverhöre vergiftet, vor denen niemand sicher war, und die allzuviele, meist Unschuldige, in die Mühle der Kriegsverbrecherprozesse jagten. Zahlreiche Offiziere sowie ehemalige Polizei- und Waffen-SS-Angehörige bleiben zurück. Es ist schwer, ihre Zahl anzugeben und den vermutlichen Zeitpunkt ihrer Rückkehr. Nach Tausenden zählen die freiwillig Verpflichteten, die zusammen mit aus Deutschland gekommenen Zivilverpflichteten als freie Arbeiter in allen Betrieben zu finden sind, aber berechtigte Zweifel für ihre endgültige Heimkehr haben. Eines jedoch steht am Schluß des so traurig begonnenen jugoslawischen Kapitels der Kriegsgefangenschaft fest, daß es den ehemaligen Soldaten gelungen ist, das Vertrauen und das Ansehen des deutschen Menschen im Lande wieder aufzurichten. Hatte ihnen die Zivilbevölkerung in ihrer größten Not unter eigener Gefahr geholfen, am Ende gaben selbst Tito und seine Gefolgsmannschaft zu, daß man ihnen Anerkennung und Dank schulde, eine Erklärung allerdings, die vermeidbare Not und ungerechtfertigte Opfer so zahlreicher Menschenleben nach Abschluß des Krieges nicht ungeschehen macht. (Soweit der erste „N.H.L." nach dem Krieg)

Der Dicke mit der Zigarre

Die Bundesrepublik hatte ihr Grundgesetz, jetzt sollte sie demokratisch legitimiert werden. Zum ersten Mal sollte wieder „richtig" gewählt werden. Nur die Älteren wußten noch, wie das gemacht wird. Es galt, keineswegs etwa wieder über neunzig Prozent auf eine Liste zu bringen, an die denn doch keiner so recht glauben konnte, sondern ehrlich dem Willen der Bürger Geltung zu verschaffen. Diesmal sollte also wieder jeder dort sein Kreuzle machen können, wo er meinte, daß es für ihn und für alle am besten sei. Und zuvor sollte es einen richtigen „Wahlkampf" geben, bei dem sich die Matadore vorstellen und stellen sollten.

An den letzten „richtigen" Wahlkampf erinnerte sich der Heimkehrer noch ganz genau. Damals durfte er als Sekundaner noch nicht wählen, aber interessiert war er schon. Und daß man 1932 „Wahlkampf" in der Kreisstadt an der Stör sehr wörtlich nahm, war ihm noch in schrecklicher Erinnerung. Wahlversammlungen waren immer wieder Saalschlachten geworden. Und dabei hatte es Tote gegeben – rote wie braune. Und er wußte noch um die Angst der Mutter, wenn sein Vater als Wahlvorsteher den ganzen Sonntag im großen Saalbau der Stadt saß und immer damit rechnen mußte, daß es Zwischenfälle gab. Im Nachbarort hatte man versucht, die Urnen mit Gewalt zu entführen.

Aber interessant war es für die Jungen schon gewesen, wenn sie verbotenerweise zur Versammlung gegangen waren und als es „losging" dann noch rechtzeitig durch die Seitenfenster entschwanden, wenn die Stuhlbeine und Koppelschlösser auf Köpfe und Schultern knallten. Wie würde es jetzt wohl sein? Elend genug gab es in den Häusern, die doppelt und dreifach mit Flüchtlingen, für die es keine Arbeit gab, belegt waren. Es gab zwar keine „Parteisoldaten" mehr, nicht SA und rote Marine, aber es brodelte im Untergrund kaum überhörbar.

Sollte er doch kommen, „der Dicke mit der Zigarre", von dem die einen alles Heil erhofften, den die anderen für den

Ausbund kapitalistischer Ausbeutung hielten. Wer so aussah wie dieser Ludwig Erhard, der konnte ja nicht wissen, wie es war, wenn man immer noch hungerte, obwohl die Läden wieder voll waren.

An diesem Oktobermorgen sollte er kommen. – Und er wollte in dem einst so berüchtigten Doppelsaalbau sprechen, der zur Mausefalle wurde, wenn man an den Ausgängen die richtigen Typen hinstellte. Interessant würde das wohl werden, sagte sich der Heimkehrer, der gerade versuchte, einen Job als Reporter zu ergattern. Einen Auftrag für die Kundgebung hatte er nicht, aber der etablierte Kollege verschaffte ihm einen Presseplatz im Saalbau. Dafür bekam er den Tip, wie man im Zweifelsfall durchs Fenster herauskam. Bedrohlich genug sah es aus.

Sie waren per Zug und Rad aus der ganzen Gegend gekommen. Rund um den zum Bersten gefüllten Saalbau standen sie zu Tausenden. So viele Menschen hatte man hier noch nie beisammen gesehen. „Der Dicke" war ein Magnet ohne Beispiel. Die noch waffenlosen Polizisten hatten offensichtlich Fracksausen. Nur die im Hintergrund in Reserve stehenden britischen Besatzer hätten hier etwas ausrichten können.

Die Blaskapelle auf der Saalbühne in der Mitte zwischen großem und kleinem Saal konnte kaum übertönen, was von draußen an Sprechchören hereindröhnte. Den Lautsprechern von damals fehlten die Verstärker. „Der soll nur kommen, wir schlachten die vollgefressene Sau", war eher noch harmlos. Das Häuflein der Parteifreunde des damals noch Zonendirektors sah eher skeptisch zu den jungen Helfern mit den weißen Armbinden. Ob die wohl Ordnung und Sicherheit garantieren können? Sollte man nicht doch lieber aufgeben? Wenn die Tommies einschreiten müßten, das wäre genauso peinlich, wie wenn der hohe Gast durch eine Hintertür flüchten müßte. Die Haltung der Gruppen an den Ausgängen schien reichlich bedrohlich. Letzte Beratung: Man wollte es durchstehen. Dann schwoll der Lärm draußen zum Orkan an. Der Redner war eingetroffen. Den Ordnern gelang es, wider Erwarten, eine Gasse zur Bühne freizuhalten; und durch ein Trommelfeuer von Beleidigungen, die vom Beifall der Anhänger kaum „entschärft" wurden, schritt der meistumstrittene Mann jener Tage zur Saalmitte.

Der gastgebende Ortsvorsitzende versuchte vergeblich zu einer Eröffnungs- und Begrüßungsansprache anzusetzen, die Tuschversuche der Kapelle verpufften erfolglos. Dann stand plötzlich Ludwig Erhard am Rednerpult. Das Gebrüll wurde eher noch stärker. Und dann geschah es: Der Dicke am Pult zog in aller Ruhe seine Zigarrentasche. Er wählte sorgfältig das rechte Kaliber. Er schnitt die Spitze zurecht. Er zündete an. Und dann zog vom Rednerpult eine Kette gekonnter Rauchringe zur Menge hinüber. Die Verblüffung war perfekt. Und noch perfekter die Ausnutzung der Lärmpause. Mit leichtem Schmunzeln rief der prominente Gast in den Saal: „Na also! Meine Freunde, gegen mich müßt ihr schon Köpfe aufbringen, Kehl- und Kohlköpfe können mir nicht imponieren." Das große Lachen im Saal hatte die Szene total verändert: Es gab noch ein paar Zwischenrufe, die Ludwig Erhard geschickt zurückwarf, aber er konnte seine Heilsbotschaft von der Befreiung der Kräfte der Wirtschaft und vor allem auch von der in ihr Tätigen und von der Kraft des Marktes überzeugend an den Mann bringen.

Als die Kundgebung mit der Nationalhymne geschlossen werden sollte, versuchten die Randalierer, sie mit der Internationale niederzubrüllen. Der Versuch mißlang gründlich. Der Heimkehrer, den man in Titos Lagern oft genug gezwungen hatte, in Habachtstellung die rote Hymne mitzusingen, fühlte sich befreit. Es schien, als habe es doch gelohnt, all das durchzustehen, was hinter ihm lag, Jahre später saß der Chefredakteur der „Pirmasenser Zeitung" nach einer anderen „normalen" Wahlkundgebung mit dem Bundeswirtschaftsminister beim Mittagessen zusammen und erzählte dem Gast, wie er ihm zum ersten Mal begegnet sei und was das für sein Einfinden in der Heimat bedeutet habe. Erhard schmunzelte verschmitzt: „Ja, daran erinnere ich mich noch. Das war eine scheußliche Situation. Übrigens ganz ehrlich gesagt, ich habe damals Angst gehabt, daß Schlimmes passieren könnte. Die

164

Zigarre habe ich wohl automatisch herausgezogen, um mich zu beruhigen. Manchmal tut man etwas eher unbewußt und ist ebenso verblüfft wie die anderen." Sprach's und zog das Zigarrenetui . . .

Begegnung in Baden-Baden

Dieser 15. Februar 1962 war einer jener Tage, an denen der Winter beweist, daß er die Welt genauso, vielleicht sogar besser verzaubern kann als der Wonnemonat Mai. Rheinebene und Schwarzwald glitzerten in der Wintersonne mit Milliarden leuchtender Kristalle. Die ganze Welt verdeckte alles Übel mit dem strahlenden Weiß einer zunächst noch unbefleckten Unschuldsdecke. Wir bewunderten vom Frühstückstisch aus die strahlende Pracht eines einmaligen Wintermorgens. Wenig später erkannten wir allerdings seine Tücke, die herrliche Decke war mit einer feinen Eisschicht überzogen. Alle Straßen waren spiegelglatt. Da stürmte unser Redaktionssenior, der als siebzigjähriger Sportredakteur den meisten Jüngeren noch etwas vormachte, in die Frühstücksstube. „Chef, Sie müssen unbedingt gleich los nach Baden-Baden. Dies ist ein historischer Tag. Eben meldet der Südwestfunk, daß sich Adenauer und de Gaulle in Brenner's Parkhotel treffen wollen. Da sollten wir dabei sein."

Bislang hatte de Gaulle abgelehnt, nach Deutschland zu einem derartigen Treffen zu kommen. Das Verhältnis zum Kanzler galt eher als unterkühlt. Außerdem war die Situation des Staatspräsidenten angesichts der Algerienkrise äußerst kritisch, keine Woche verging ohne ein Attentat, ohne Berichte über die Krise zwischen dem Präsidenten und der französischen Armee, insbesondere die Haltung des Oberkommandos der Stationierungstruppe am Oberrhein in Baden-Baden und der Garnison Offenburg galt in eingeweihten Kreisen als besonders problematisch. Und nun diese Überraschung des Treffens in Baden-Baden. Sollten wir versuchen, ohne Einladung und Zulassung vor Ort zu beobachten? Vielleicht konnte man wenigstens aktuelle Bilder machen. Ich rief unseren Fotografen an. Er war Feuer und Flamme: „Das kriegen wir zurecht, der südbadische Polizeichef war früher in Offenburg, wir spielten in einer Mannschaft" – „Also dann man los, Rudi, versuchen wir's. Hoffentlich hast Du anständige Reifen, es ist elend glatt."

Die letzte Feststellung sollte sich bewahrheiten. Es war eine scheußliche Rutschpartie bis zur Kurstadt, die ein völlig ungewohntes Bild bot. Überall Militärpolizei am Straßenrand zur Innenstadt. Dafür waren die Zufahrten zu den Wohnbereichen des Franzosenviertels gesperrt. Es sei eine allgemeine Ausgangssperre verhängt, hörten wir. Höchste Sicherheitsstufe wegen Attentatsgefahr. Auch uns wollte man nicht in den Kernbereich hinein lassen. Rudi brachte es fertig, beim Chef der deutschen Polizeiführung, seinem Freund, einen Passierschein zu ergattern. So kamen wir ins Kurviertel, dessen Schwerpunkt hermetisch abgesperrt war. Das letzte Stück gingen wir zu Fuß und wurden mit einem ganzen Troß von deutschen und ausländischen Wort- und Bildberichterstattern in einen Garten gegenüber Brenner's Hotel abgedrängt. Etwa 30 bis 40 Presseleute mit und ohne Kameras drängten sich buchstäblich hinter einem mannshohen Zaun aus spitzenbewehrten Eisenstäben. „Presse hinter Gittern, jetzt können die hohen Herren uns wie die Affen im Zoo betrachten" lästerten wir, „oder als Menschen hinter Gittern."

Auf alle Fälle bekamen wir zunächst einmal Eisbeine und starrten sehnsüchtig auf die Fenster des Frühstückssaals von Baden-Badens berühmtesten Hotel, derweil die Kälte des schneebedeckten Bodens unerbittlich von den Zehen zu den Knöcheln aufwärts kroch. „Wann kommen die endlich?" Ein Achselzucken der französischen Polizisten vor dem Zaun. Abwarten. Die Kameras blieben gezückt, die hohen Herren müßten ja kommen. Inzwischen kontrollierten deutsche und französische Polizei erneut die ansonsten menschenleere Umgebung. Mindestens zwei Ewigkeiten waren vergangen, nichts hatte sich gerührt. Ob was passiert war? Die abenteuerlichsten Parolen wurden diskutiert. Hatte es etwa ein Attentat gegeben? Hatten Schnee- und Eisglätte zu Unfällen der hohen Gäste geführt?

Endlich wurden wir erlöst. Keiner hatte ein Foto machen können. Präsident und Kanzler waren längst unbeobachtet von der Rückseite über die Oosbrücke in die Villa Stefanie eingezogen und hatten wahrscheinlich gut gefrühstückt, derweil wir draußen froren. Jetzt konnten wir endlich uns im Frühstückssaal selber stärken und wußten zu schätzen, welch wohltuende Wirkung heißer Kaffee verstärkt mit einem guten Cognac auf steifgefrorene Glieder auszuüben vermag. Im übrigen war die Wartezeit hinter Gittern nur ein Bruchteil dessen, was uns an diesem Tag erwartete. Jetzt waren wir eingesperrt im Hotelsaal, von den hohen Herrschaften nichts zu hören, nichts zu sehen. Selbst die ausgefuchsten Bonner und Pariser Korrespondenten vermochten auch nicht den Fetzen einer konkreten Information durch Anzapfen bewährter Quellen zu ergattern. Bekannt war nur, daß erhebliche Spannungen zwischen Bonn und Paris Anlaß zu dem überraschenden Spitzentreffen wären.

So blieb der abgeschotteten Journalistenschar nichts anderes übrig, als zu spekulieren, zu frozzeln oder sich zu entspannen. Auch konnte man mehr oder weniger schläfrig die strahlende Winterlandschaft an der Oos bewundern, oder und je nach Nation und persönlichem Geschmack blonde oder dunkle Zigaretten oder Zigarren verqualmen oder versuchen, das Mundstück seiner Spezialpfeife anzuknabbern.

Nach über zwei Stunden tat sich endlich was auf dem verschneiten Weg des Hotelgartens an der Oos: Ein eleganter schlanker Herr erging sich dort barhäuptig trotz aller Kälte. „Das ist doch Bundesaußenminister Schröder!" Und dann, ein deutscher Absperrpolizist stürzt auf ihn zu. Man brauchte nichts zu hören, und wußte doch, was sich dort abspielte. Die Mimik verriet alles. Der Grünrock: „Wo kommen Sie her? Weisen Sie sich aus." Der feine Mann mit etwas arrogant erhobenem Kopf: „Kennen Sie mich nicht, ich bin der Bundesaußenminister." Offensichtlich tief beleidigt. Zum Glück kommt von der anderen Seite ein weiterer Grünrock diesmal mit geflochtenen Achselstücken, offensichtlich Offizier der Sicherungsgruppe Bonn. Er weist den Herrn Außenminister gegenüber dem jungen Kollegen aus, dessen Ohren sich sichtlich gerötet haben. Kommentar der Beobachter im Saal: „Wie schade, daß der den Schröder nicht verhaftet hat. Der konnte sich ja offensichtlich nicht ausweisen.

„Dann hätten wir endlich 'ne Sensation gehabt." Ansonsten tat sich stundenlang nichts, außer einer weiteren komischen Szene, diesmal an den Fenstern zur Straßenseite:

Es blieb unklar, wie der biedere alte Herr an der Absperrung vorbei gekommen war. Er trug ein Paket unter dem Arm, Format Schuhkarton. Wieder ein Schauspiel ohne Worte: Von links und rechts stürzen Uniformierte herbei, halten den Mann fest, fragen nach dem Karton, den sie ihm ganz vorsichtig entreißen. Der Mann bleibt stehen, von drei Polizisten bewacht. Die anderen halten das Paket wie ein rohes Ei möglichst weit vom Leib entfernt. Ein Polizeiwagen mit Blaulicht braust heran. Mit äußerster Vorsicht steigt der Paketträger ins Auto. Mit Blaulicht und Sirene rast der Wagen weg. Der alte Herr steht weiter verdattert vor dem Hoteleingang. Was inzwischen passiert, läßt sich nur vermuten, dürfte aber stimmen. Beim nächsten erreichbaren Röntgengerät – wo auch immer – wird der Karton durchleuchtet. Danach kehrt der Streifenwagen ohne Blaulicht und Sirene zurück zu Brenner's Hotel. Der alte Mann bekommt seinen Karton zurück.

Es waren doch nur seine neuen Schuhe drin. – Wieder keine Sensation, nur Zigarettenqualm. Ab und zu ein Schnarchen und Langeweile in Brenner's Hotel, wo Weltgeschichte passiert – oder doch nur Langeweile?

Wer weiß das schon?

Draußen fällt inzwischen die Dämmerung ein. Aus Langeweile kombinieren sonst sehr seriöse diplomatische Korrespondenten der Weltpresse die verrücktesten Kommentare zum vermutlichen Geschehen in der Villa Stefanie, die nur durch einen Gang von uns getrennt ist. Da ist von wüsten gegenseitigen Beschimpfungen ebenso die Rede, wie von einer erheblichen Verstärkung der Bundeswehr gegen einen gemeinsamen bedrohlichen kommunistischen Feind, von neuen Wirtschaftsabkommen und geheimen Verträgen gegen den bei Charles de Gaulle nicht minder verhaßten großen Bruder jenseits des Atlantik. Es gibt wenig denkbare politische Möglichkeiten angesichts der Pariser Sonderrolle im internationalen Spannungsfeld von Ost und West, die nicht ventiliert wurden. Ein weiteres Thema ist natürlich auch die explosive Situation des Staatspräsidenten in der gerade heißesten Phase der Auflösung des französischen Kolonialreichs.

Die Algerienkrise steht vor ihrem Höhepunkt. Jemand unterstellt, daß de Gaulle von Bonn ein Superkontingent der „Fremdenlegion" haben möchte. Schließlich gäbe es ja genügend noch nicht integrierte ehemalige Waffen-SS-Leute. Denkbar war alles. Was aber an diesem Tag tatsächlich alles gesprochen wurde, blieb höchstes Staatsgeheimnis – vermutlich bis heute.

Endlich: – Inzwischen ist es draußen völlig dunkel, und die Mägen eines internationalen Pressekontingents beginnen vernehmlich zu knurren. Endlich kommen die beiden Regierungssprecher durch den Gang in den Saal. Statt Aufatmen aber nur Enttäuschung: Keine Pressekonferenz – weder der Staatspräsidenten noch der Außenminister. Nicht einmal ein schriftliches Statement. „Erst morgen werden in Paris und Bonn offizielle Erklärungen abgegeben." Als kleines tröstendes Zuckerl, nach all der Warterei, dürfen die hohen Herren bei einem symbolischen Händedruck fotografiert werden. Sie würden durch den Gang von der Villa Stefanie herüber kommen. Die Presseleute werden aufgeteilt in „Böcke" (die Textkorrespondenten) und „Schafe" (die Kameraleute). Diese bleiben im Saal und können ihr Gerät einschließlich Standleitern und Stativen aufbauen, während wir Textkorrespondenten eine Gasse im Durchgang bilden. Komischerweise verzichtet man auf erneute Kontrollen nach irgendwelchen gefährlichen Gegenständen.

In der Zwischenzeit waren dennoch eine ganze Reihe gut gewachsener Zivilisten vom Foyer her in den Saal gekommen. Die Bodyguards wiesen die Plätze ein, verzichteten aber auf irgendwelche besondere Aktionen. Die folgende halbe Stunde, in der ich zusammengedrängt mit anderen Kollegen im Verbindungsgang unmittelbar hinter dem französischen Staatspräsidenten stehe, wurde zum Alptraum. Ich war eigentlich nie besonders ängstlich, aber unmittelbar hinter dem in dieser Zeit am stärksten bedrohten Politiker der Welt, auf den mindestens zwei Dutzend Kameralinsen gerichtet waren, zu stehen, war eher unheimlicher als noch so kritische Situationen in langen Kriegszeiten. Immerhin wäre es kein Problem gewesen, irgendwelche kleineren Mordinstrumente einzuschmuggeln.

Das Blitzlichtgewitter verging jedoch ohne Komplikationen und ohne Erklärungen. Die beiden Staatsmänner passierten erneut unser Spalier. Ein knappes „Merci" und „Danke" der Herren Regierungssprecher. Wir waren entlassen. Keinerlei Erklärung, nur der Verweis auf die Kommuniqués am folgenden Tag. „Außer Spesen nichts gewesen?" Am Fernschreiber in der Offenburger Redaktion tickerte dann doch noch ein kurzes offizielles Kommuniqué über die Bedeutung dieses historischen Treffens. Es markierte eine entscheidende Wende zum neuen Verhältnis der historisch verfeindeten Nachbarn am Rhein. Es leitete viele weitere kritische Treffen der beiden Staatsmänner ein. Dabei zeigte sich, daß manche zunächst utopisch erscheinenden Spekulationen der Korrespondentenschar in Brenner's Frühstückssaal gar nicht so verrückt waren, wie es zunächst erscheinen mochte.

Doch zu einem anderen Schicksalstag der Weltgeschichte wurde ein Bogen geschlagen: Knapp ein Dreivierteljahr später fand in Freiburg die Pressekonferenz der Katastrophenübung „Fallex 4" statt. Wieder diskutierten wir, beim Warten auf ein offizielles Kommuniqué aktueller Probleme. Weltweite Terroranschläge im Spannungsfeld des Kalten Kriegs waren das Thema ebenso wie mögliche oder nötige Reaktionen der Verwaltung auf einen aktuellen „Spannungsfall" im brisanten Ost-West-Verhältnis. Kann es für die Großen der Weltpolitik einen absoluten Schutz vor Mordanschlägen geben? Am Tisch saßen Spitzenpolizisten mit ureigener Erfahrung. Ich führte als Beweis für unvermeidliche Lücken im Sicherheitsschutz das Treffen von Baden-Baden an. Man lächelte etwas, als ich von der ganz persönlichen Angst in jener Situation sprach und die These untermauerte, daß es immer eine Lücke geben wird. Gerade in diesem Augenblick aber stürzte mein junger Kollege Wolf Dieter Angerer in unsere Runde: „Chef, wir müssen sofort nach Offenburg! Attentat auf Kennedy." (Im Kapitel „Radio Moskau sendet Trauermusik" versuche ich auch dieses Kapitel aus der Sicht einer kleinen Redaktion zu schildern.)

Die historische Begegnung von Baden-Baden: Links Präsident de Gaulle, in der Mitte Bundesaußenminister Gerhard Schröder, rechts Bundeskanzler Adenauer. (Verdeckt vom Kopf de Gaulles der Offenburger Chefredakteur durch die Brille identifiziert.)

Moskau sendet Trauermusik

Es war kein Tag wie jeder andere, dieser 22. 11. 1963, wir, ein junger Kollege und ich, waren zur Pressekonferenz des Innenministers in Freiburg zu einem heißen Thema geladen: Die Ergebnisse von Fallex 4 sollten vorgestellt werden, Fallex war das Synonym für den Fall x: Was kann, was muß geschehen, wenn die damals permanente Krisensituation des Kalten Krieges weiter eskaliert zum echten Spannungsfall und unausbleibliche Furcht zusätzlich von Agenten geschürt wird? Was soll man tun, wenn eine immer mobiler werdende Bevölkerung aus dem Zonenrandgebiet am „Eisernen Vorhang" in nackter Existenzangst mit Kind und Kegel die Pkw besteigt und in einen angeblich sichereren Westen flüchtet. Also der „Fall x" eintritt? Übrigens gibt es auch heute für solche Vorsorge-„Manöver" Katastrophenschutzübungen zum Thema Strahlenunfall etwa oder ungewöhnliches Hochwasser, Erdbeben oder ähnlichen, durchaus denkbaren Vorfällen, für die man Vorsorge treffen muß. Nur hatten sie in einer Zeit, in der immer wieder die Riesenvögel der B-52-Flotte mit abwurfbereiten Wasserstoffbomben haarscharf am „Eisernen Vorhang" entlang flogen, ein ganz anderes Bedrohungspotential als zivile Gefährdungsmomente.

Während wir darauf warteten, daß die Übungsleitung ihr Ergebnis-Statement formulierte, diskutierten wir bei einem kühlen Pils die verschiedenen denkbaren Auslösungsfaktoren für einen ganz besonders gefährlichen Krisenfall und kamen auf das klassische Beispiel Sarajewo. Kein Wunder, in eben diesem Jahr l963 hatte es im Zuge des Algerienkonflikts jede Menge Attentatsversuche auf General de Gaulle gegeben. Ich erinnerte an die eher komischen Begleiterscheinungen der Begegnung des französischen Staatspräsidenten mit Bundeskanzler Adenauer in Baden-Baden. Kann die Polizei Staatsmännern absoluten Schutz bieten, fragten wir die Experten, die mit uns auf die Pressekonferenz ihres Oberchefs warteten, um gegebenenfalls zusätzliche Erläuterungen zu geben. Das Fazit: man kann viel tun, aber absoluten Schutz kann auch noch so guter Staatsschutz nie bieten, vor allem dann nicht, wenn Einzeltäter und ganz besonders Geisteskranke im Spiel sind.

Genau an diesem Punkt waren wir angelangt, als der Kollege, der kurz in die Gaststube an die Theke gegangen war, zurückkam und schrie: „Chef, wir müssen sofort zurück, im Radio ist der Teufel los, die brüllen da was aus Dallas. Auf Kennedy wurde geschossen. Er soll tot sein." – Wir ließen Fallex Fallex sein, stürzten ins Auto, scherten uns um keinerlei Geschwindigkeitsbegrenzung und Nebel und braussten gen Offenburg.

Im Kopf wirbelten die Gedanken: was ist geschehen? Was wird nun kommen? Wer steht hinter dem Attentat? Sind es radikale Verfechter der Rassendiskriminierung, kubanische Agenten oder andere Provokateure? Wird dieser große, strahlende junge Präsident den Anschlag überleben? Droht eine Weltkrise ungeahnten Ausmaßes?

Als wir in die Redaktion stürzten, standen uns Kollegen gegenüber, die sich ihrer Tränen nicht schämten. „Gerade kam die Meldung, Kennedy ist dem Anschlag erlegen!" Als wir als erstes ein Bild des Präsidenten heraussuchten, waren die Augen feucht. Dazwischen ein Anruf, eine tränenerstickte Jungenstimme stotterte: „Vati, das darf doch nicht wahr sein!" Meine Frau will wissen, was los ist. Die bange Frage von ihr, wie unmittelbar danach vom Verleger: „Gibt es Krieg?" Das fragen sich alle draußen auf den Straßen: Schreien und Tränen, völlig verwirrte Menschen.

Nur wir müssen versuchen, nüchtern das Notwendige zu tun. Noch kommen über die Fernschreiber nur Stummelsätze von Telegrammen. Es dauert einige Zeit, bis erste unstrittige Fakten durchgegeben werden. Offiziell wird bestätigt, daß der Präsident wirklich tot ist, daß Vizepräsident Johnson als Nachfolger vereidigt ist. Der Regierungsapparat der Weltmacht USA funktioniert. Jetzt kommt es darauf an, in kürzester Zeit eine aktuelle Zeitung auf dem letzten Stand von Informationen herzustellen. Aber eigentlich ist Redaktionsschluß, Schluß auch für die Technik zur Herstellung der

Druckplatten. Ich bitte die Kollegen, sofort die zweite und dritte Seite so umzubauen, daß das wichtigste Material der Seite 1 verwendet werden kann. Auf deren Herstellung nach dem neuesten Stand sollen wir uns konzentrieren. Von uns wird abhängen, ob die Menschen wieder Fassung gewinnen. Was wir bringen, muß stimmen. Langsam kommt Ordnung in das Chaos am Fernschreiber. Aber, was ist wirklich los und was kann geschehen? Mein Stellvertreter ändert praktisch von Minute zu Minute den zusammenfassenden Text der aktuellen Nachrichten. Ein gutes Bild des Präsidenten wird klischiert. Sein Lebenslauf läßt sich aus dem Archiv und den aktuellen Meldungen zusammenfassen. Aber was soll ich schreiben?

Der Offenburger Chefredakteur hatte durch unseren späten Redaktionsschluß die Möglichkeit zu einer abgerundeten Kommentierung, während fast alle deutschen Zeitungen aus technischen Gründen sich mit Kurzfassungen des reinen Nachrichtenstoffs begnügen mußten. Während ich noch von Zweifeln geplagt war, wie die Lage einzuschätzen wäre und mir immer noch einmal die letzten Fernschreib-Telegramme vorlegen ließ, fragte plötzlich der Schlußredakteur: „Was soll das wohl?" „dpa-Eil: Radio Moskau sendet Trauermusik."

Ich sagte nur. „Gott sei Dank, jetzt können die Atombomber umkehren. Die roten Zaren signalisieren, daß sie a nichts mit der Sache zu tun haben und b die Situation nicht ausnutzen oder mißbrauchen wollen. Und wir können jetzt ruhig schlafen gehen." Entsprechend sachlich fiel die Kommentierung aus, die Absatz für Absatz in letzter Minute an die Setzmaschinen ging. – Am nächsten Morgen erfüllte uns die ausführliche Wiedergabe unseres Kommentars, einer der ganz wenigen, die es an diesem Morgen in der Presseschau der Rundfunkanstalten gab, mit berechtigter Genugtuung. Das Ganze blieb bis heute als eine der aufregendsten Nächte in dem an Aufregungen wahrlich nicht armen Leben eines Zeitungsmannes unvergessen.

Schicksalswende um Mitternacht

Redaktionsnächte haben es in sich. Nicht nur an bedeutungsvollen Wahltagen werden die Nerven von Nachrichtenredakteuren und Kommentatoren auf die Zerreißprobe gestellt. Waren beim normalen Schlußtermin für die Fertigstellung noch die „Schwarzen" die Sieger, so konnten es zehn Minuten später doch die „Roten" sein und die „Blauen" es nicht schaffen, ins Parlament zu kommen. Aber es gibt schwierigere Probleme, wie etwa jene Nacht zum Pfingstsamstag, in der Papst Johannes XXIII. mit dem Tode rang. Traditionsgemäß war Seite eins dem eigenen Festtagsartikel des Chefredakteurs vorbehalten, um das Blütenbild der festlichen Heimatlandschaft herum. Was machen, wenn die Todesnachricht kam? Auch das mußte vorbereitet sein. Es waren makabere Situationen, als der Leibarzt seiner Heiligkeit viertelstündlich den Zustand des Patienten an die internationalen Agenturen durchgab, nicht ohne seine Einschätzung für den mutmaßlichen Endtermin hinzuzufügen. (Er mußte sich für diesen respektlosen Mißbrauch seines Amtes später verantworten). Mehrere unter diesem ungeheuren Zeitdruck stehende „Blattmacher" machten kurzen Prozeß und ließen um Mitternacht die Pfingstausgabe mit Trauerrand und Todesnachricht andrucken. Es war nicht nur der Schweizer „Blick", der mit Trauerrand erschien. Auch in Deutschland gab es mehrere Beispiele, selbst im soliden Badener Land. Aber erst zum Pfingstdienstag war der Trauerrand angebracht . . .

Die Nacht vom 26. auf den 27. April 1961 hatte ein ganz anderes, sehr viel ernsteres Problem für den Zeitungsmacher am Oberrhein. Im Nachbarland Frankreich tobte der Aufstand der Militärs gegen die eigene Regierung, und die Truppen am Oberrhein waren durch einige prominente Kommandeure voll in diese Krisensituation einbezogen. Oder sie galten als loyal und wurden teilweise zur Sicherung von Paris abgezogen. Das Zentrum des Widerstandes lag zwar in Algerien, speziell im Raum Oran, aber die Aufständischen drohten mit Flugzeugangriffen auf die eigene Hauptstadt. Die Übergänge am Oberrhein waren an jenem Dienstag teilweise gesperrt. Trotz der Versuche von Geheimhaltung war die Stimmung nicht nur in den Garnisonsstädten aufs äußerste gespannt. Die letzte Nachrichtensendung um Mitternacht ließ manchen ruhigen Bürger kaum einschlafen. Die weltpolitische Bedeutung charakterisierte der Leitartikel einer großen englischen Zeitung so: „Wenn Frankreich zusammenbricht, erleidet die westliche Welt einen vernichtenden Schlag." Bezeichnend, daß Präsident Kennedy General de Gaulle Hilfe durch die amerikanischen Streitkräfte in Europa anbot. Der französische Präsident hatte den Einsatz aller Mittel einschließlich Waffengewalt gegen die Aufständischen angedroht, falls die ihre Ankündigung eigenen militärischen Vorgehens wahrmachen sollten.

Es war kaum möglich, korrekte Informationen über die Entwicklung speziell am Oberrhein zu bekommen. Die örtlichen Kommandanturen mauerten total. Mancher Befehlshaber wußte offensichtlich auch nicht genau, wer von seinen Offizieren auf welcher Seite stand. Wir warteten vergeblich auf Klärung, bis um Mitternacht die Druckmaschinen anlaufen mußten, um zunächst die Nebenausgaben der Mittelbadischen Presse zu drucken. Der kommentierende Tenor lautete „In banger Sorge", aber nichts Genaues wußte keiner. Während die Maschinen anliefen, fuhr der Chefredakteur nach Hause und stellte dabei fest, daß zur benachbarten Villa des Standortkommandanten immer wieder Kurierfahrzeuge rollten. Gerade hatte er sich hingelegt, als das Telefon klingelte und sein alter Kollege, der den Spätdienst machte, aufgeregt fragte: „Wissen Sie, was das zu bedeuten hat?" dpa-Blitzmeldung: „Radio Algier meldet sich wieder als französische Rundfunkanstalt und übernimmt die Pariser Nachrichtensendung." Nun mußte man wissen, daß Radio Algier in der Hand der Aufständischen gewesen war und deren wichtigstes Instrument der Steuerung des Aufstandes war.

Ich ließ die Nebenausgaben weiter drucken, zog Jacke und Hose über den Pyjama und raste zur Redaktion, wo inzwischen bröckchenweise die Nachrichten vom Zusammenbruch des Aufstandes über den Fernschreiber tickten. Zu zweit schafften wir eine neue erste Seite mit der Schlagzeile: „Dramatische Wende um Mitternacht." Ich konnte in einem beruhigenden Kommentar noch klarstellen, daß die Gefahr, ein französischer Bürgerkrieg könne auch auf die Garnisonsstädte am Oberrhein überschwappen, behoben war. In Baden konnte man ebenso wie in Frankreich und der übrigen westlichen Welt aufatmen. Eine der schwersten Krisen war beendet. Wir selbst aber hörten immer wieder die Frage: „Wie habt ihr das gemacht? Wir haben doch noch extra die Mitternachtsendungen vom Rundfunk abgewartet, und um sechs Uhr konnten wir Ihren Kommentar lesen." Es war der einzige aktuelle Leitartikel, den der Autor jemals im Pyjama in die Schreibmaschine geklappert hat. So dramatisch können Redaktionsnächte sein.

Teil IV

Journalisten und Promis

Journalisten und Promis

. . . mit der FDP-Spitze in der Mitte der bekannte Schwarzwälder Bundestagsabgeordnete Kurt Spitzmüller mit dem späteren Bundespräsidenten Walter Scheel (Hoch auf dem gelben Wagen).

Das Hineinwachsen in den wiederaufgenommenen und in vielen Voraussetzungen veränderten Beruf in einer völlig veränderten politischen und ökonomischen Landschaft bewirkte mancherlei Begegnungen mit „Prominenten". Einige blieben auch Jahrzehnte später nicht zuletzt wegen manchmal auch ungewöhnlicher Details in der Erinnerung. In der Demokratie sind eben auch „Promis" daran interessiert, eine „gute Presse" zu haben. Wenn sie ihr Geschäft verstehen, vermögen sie, auch aus Erfahrungen und Wissen zumal um lokale Umstände „Honig zu saugen", um Wahlbürger besser ansprechen zu können. Speziell in Wahlkampfzeiten finden sich selbst in den kleinsten Redaktionen großmächtige Herren ein, um sich einmal zu informieren, zum anderen natürlich im jeweiligen Blatt in gebührender Aufmachung zu Wort zu kommen. Ein geschickter Politiker weiß, daß ein Besuch auch in einer kleinen Lokalredaktion oft ein wirksameres Echo hat als eine Wahlversammlung, deren Umfang eher einer Skatrunde gleicht als einem Massenereignis.

„Dös schwitz ich aus"

Den ersten persönlichen Kontakt mit einem prominenten Bundespolitiker hatte der Lokalredakteur im Heidestädtchen gleich mit einem – wie man inzwischen sagt „shooting star" der Nachkriegspolitik. Der örtliche CDU-Vorsitzende rief in der Redaktion an: „Wir bekommen Besuch aus Bayern, Adenauers liebster Ziehsohn spricht morgen in der neuen Halle am Stadion. Sicher haben Sie auch von Franz-Josef Strauß gehört, der in Bonn viel Wirbel macht. Man hat mich angerufen, ich möchte doch vorher den Herrn Strauß über Land und Leute unterrichten. Er komme zum ersten Mal nach Norddeutschland und möchte sich nicht blamieren. Tun Sie mir einen Gefallen und reden Sie mit dem Gast, der auch für Sie interessant sein dürfte." Er hatte recht, natürlich war ich interessiert.

Um sieben Uhr sollte die Versammlung beginnen, der Redner noch am Abend zurück nach Bonn. Um fünf trafen wir uns im Hallenrestaurant. Als erstes standen zwei große Gläser Bier auf dem Tisch. Der Gast hatte einen Schreibblock mit einem ganzen Katalog von Fragen vor sich, die ich ihm unschwer beantworten konnte, wobei er die Stichworte notierte. Ehe der Katalog abgehakt war, stand die zweite „Halbe" vor uns und war wieder nach dem ersten genußvollen Zug fast zur Hälfte geleert. Die Hitze eines Altweibersommertages zwang dazu, die Kragenknöpfe zu öffnen und zumindest den Flüssigkeitsverlust laufend zu ersetzen.

Nach dem abgehakten Fragenkatalog gab es für einen neugierigen Bayern noch genug Randfragen über die Stimmung im Land, über Brauchtum und Sitten und rein lokale Themen zwanglos zu plaudern. Nicht zuletzt galt es, den durch die Stauwärme der in praller Sonne liegenden Halle bewirkten Flüssigkeitsverlust permanent auszugleichen. Als der Bayer nach der fünften „Halben" erneut Nachschub heran winkte, glaubte ich warnen zu müssen: „Vorsicht Herr Strauß, auch unser Hannoversches Bier hat es in sich. Sie sollen schließlich noch reden, mir wäre es inzwischen schon reichlich."

Die Antwort blieb im Gedächtnis genauso wie der menschlich gewinnende Ablauf eines teilweise „seitenverkehrten" Interviews: „Koane Sorge, die paar Maß machen mir nichts, auch wann's kräftiger san als unser Münchner Hofbräu. Die san's ausgschwitzt, wann ich a halb Stund gered hab."

Er hatte recht, der Bayer legte sich mächtig ins Zeug, hatte mit dem Stirnschweiß zu kämpfen, aber er hatte von Beginn an die Zuhörer gepackt, es gab manch fröhliches Gelächter über seine Angriffe auf politische Gegner, aber eine runde rhetorische Leistung und einen durchschlagenden Erfolg beim eher ländlich orientierten Wahlvolk.

In der Offenburger Oberrheinhalle von links Dr. Wolfgang Schäuble, in der Mitte Bundeskanzler Kiesinger, rechts Ministerpräsident Filbinger.

Der Künstler
Du stehst im Licht
Der Jubel brandet nieder
Zu dir empor.

Du senkst das Haupt
Blickst auf die Menge nieder
Blickst auf und dankst.

Du durftest schenken
Und dir ward gegeben,
Du durftest schenken
Und aus ihrem Leben,
Dem neue Kraft du schenktest,
Quillt die Glut,
Der du und sie entstammen,
Die du neu entfacht.

Das Quantum des roten Welfen

Im Häuschen des Heidelehrers und Heimatdichters traf man sich zur festlichen Runde am Vormittag: der Herr Landrat, der Schulrat, der Dorfbürgermeister, der Redakteur der Heimatzeitung und – natürlich die Hauptperson, Heideschulmeister Hinrich Brasch. Er wurde an diesem Tag 70, Anlaß genug, seine verdienstvolle Arbeit der Brauchtumspflege und der Förderung der plattdeutschen Sprache zu würdigen. Auf dem Tisch standen kleine und größere Gläser, eine Flasche „rein Herrgottswort", original Brelinger Doppelkorn, Herrenhauser Pils und – schrecklich anzusehen in solcher Männerrunde – eine Flasche Apfelsaft. Nur einer fehlte noch, der Landesvater mit dem erwarteten Orden. So saß man – zunächst trocken.

Endlich klappte draußen eine Autotür. Der Landesvater betrat die Szene. Eine imponierende Gestalt in vollem Silberhaar: Hinrich Kopf ganz „der Rote Welfe", sozialdemokratischer Nachfolger der einst von bösen Preußen vertriebenen hannoverschen Könige.

Es folgte die kurze offizielle Handlung, die Verleihungsurkunde wurde verlesen, die Medaille an die stolzgeschwellte Brust geheftet. Dann der Griff nach den inzwischen gefüllten Gläsern. Landrat, Schulrat, Bürgermeister und Reporter hatten zunächst die kleinen zur Hand, nur die beiden Hauptpersonen, der Landesvater und der Heimatdichter, unter Eingeweihten nicht gerade als Kostverächter bekannt, hatten leicht grünliche Flüssigkeit im größeren Glas. Die Erklärung gab der Herr Ministerpräsident in kernigem Platt: „Tscha, so ist dat. All hebbt se ehrlich ‚Lütt un Lütt' int Glas un könnt anstötten, wi sik dat gehört. Blot wi beiden olen Hinnerks dörft dat nich. Wi hebbt unser Quantum all utsapen, segt de Dokter. Ick heff dat veer Jahr fröher schafft as Du, ol Fründ Hinnerk Brasch." – Bei den vielen Anlässen in meiner Niedersachsenzeit, bei denen es kaum jemals ohne „rein Herrgottswort" abging, habe ich mich immer an den resignierenden Ausspruch des Roten Welfen erinnert und mich gefragt, wieweit „mein Quantum" wohl noch reichen würde. – Eine kleine Reserve war zum 80. noch vorhanden . . .

Am See

Die Sonne spiegelt sich in leichten Wellen,
vieltausendfach gebrochen blitzt ihr Strahl.
Im stillen Frieden murmeln leise Quellen,
umsäumen Knick und Wald und Flur das Tal.

Es reizt, in dieser schönen Welt zu träumen
von längstvergangener, von Urahnenzeit.
Die enge Nähe öffnet sich zu Räumen,
die Stunde weitet sich zur Ewigkeit.

Im lautern Frieden brechen leicht die Mauern
– die Hast und Unrast deckte dumpf das Herz,
die Seele spürt ein heiliges Erschauern,
es bangt ihr wie vor längst vergangenem Schmerz.

Der Ahnen Sorgen, Nöte, Kämpfe, Beten
vereinigt sich dem wachgewordnen Geist,
der mündet in den Strom, den steten,
der ewig fließt, der in die Zukunft weist.

„Raucht nicht, trinkt nicht, frißt"

In der Erinnerung bleibt auch ein Redaktionsbesuch durch den damaligen Bundesaußenminister Hans Dietrich Genscher. Der Zeitpunkt ermöglichte die Form einer Redaktionskonferenz mit dem Promi-Gast, und dabei ging der Minister bereitwillig auch auf unprofessionelle Fragen vor allem der jungen Kollegen zwanglos ein. Das Ergebnis dieses Besuchs schlug sich wie üblich in einer umfassenden Darstellung seines Lageberichts zur außenpolitischen Situation und der Stellungnahme des liberalen Parteichefs zu den aktuellen Fragen des Meinungsstreits im Wahlkampf nieder. Genscher hatte sich auch nicht gescheut, zu eher persönlichen Fragen Rede und Antwort zu stehen. Da den jungen Kollegen aufgefallen war, daß er weder nach einem Glimmstengel griff, noch an den Proben von Spezialitäten des badischen Weines der Ortenau nippte, tauchte die Frage auf, ob er denn wirklich völlig „lasterfrei" sei. Darauf bestätigte der prominente Gast, daß er zumindest zu jener Zeit strikte Abstinenz im Bezug auf Alkohol und Nikotin wahre. Einem Laster allerdings könne er nicht widerstehen. Es schmecke ihm halt zu gut, als daß er hier die Verbote seines Arztes allzu streng einhalte. „Ich freß halt gern."

Der Chefredakteur hatte mit dem eigenen Tagesleitartikel, dessen Substanz nicht zuletzt von dem Gespräch mit dem Minister zur aktuellen Weltpolitik geprägt war, und der Absprache mit der Nachrichtenredaktion sowie der sonstigen Hektik einer Vorwahl-Ausgabe genügend zu tun. So hatte er keinen Blick auf die Lokalseite geworfen. Es haute ihn dann beinahe buchstäblich vom Stuhl, als er am Morgen über einem dreispaltigen Foto von der Redaktionsrunde mit dem Minister die Schlagzeile las: „Er säuft nicht, er raucht nicht, er frißt . . ." Übrigens weder der Minister noch sein Stab haben sich damals beschwert. Das sprach für sie . . .

Eine gelockerte Begegnung mit dem Bundesaußenminister Hans Dietrich Genscher.

Willy Brandts Pentagramm

Mit dem Friedensnobelpreisträger, Parteivorsitzenden und Bundeskanzler Willy Brandt gab es nur einmal einen engeren Kontakt, als der prominenteste SPD-Politiker der Nachkriegszeit einen Termin in Stuttgart zu einer Einladung baden-württembergischer Chefredakteure in sein Hotel im Hinterland nutzte. Es reichte gerade zu einem eher intimen Abendessen mit mehrfachem Stuhlwechsel, was Gelegenheit zu Fragen „off the record" bot. Es gab eine Auslese badischer und schwäbischer Spitzenrotweine, die den Gastgeber als Kenner verriet und für eine lockere Atmosphäre reichte. Als der Autor auf den Platz neben den Kanzler rückte, stellte dieser sofort fest, daß es sich um einen Landsmann aus dem Holsteinischen handelte, was zunächst Gelegenheit zu einigen Erinnerungen an Jugendtage in Lübeck bot. Danach kam am Tisch erneut die zu jener Zeit einmal wieder krisenhafte Weltentwicklung im Ost-West-Spannungsfeld aufs Tapet.

Die Stimmung war schon etwas aufgelockert, als Willy Brandt etwas eigenwillige Wertungen über Tendenzen und Strömungen im Konzert der Weltmächte nicht nur mündlich zum Besten gab, sondern zugleich mit kurzen Strichen ein weltpolitisches Pentagramm zeichnete. Auf einem Bierdeckel war das Verhältnis der Weltmächte zueinander als Fünfeck skizziert. Es zeigte, wie USA, Rußland und China sich gegenüber standen, Großbritannien und Frankreich dazwischen manövrierten. Japan hatte zu jenem Zeitpunkt weltpolitisch noch ebenso wenig ins Feld zu führen wie die Bundesrepublik. Wir haben darüber eher tiefsinnige als reale Sprüche geklopft.

Als die Gläser geleert waren, und der Ortenauer meinte, daß als Abschluß ein 59er Kappelrodecker „Hex vom Dasenstein" gerade recht wäre, stellte der Gastgeber selbstkritisch fest, das sei des Guten zuviel. „Das könnte euch passen, den Kanzler unter den Tisch zu saufen." Etwas abrupt stand er auf und bemerkte gerade noch, daß ich versuchte, besagten Bierdeckel als einmaliges Dokument in die Tasche zu stekken. „Nee, nee" meinte er und nahm das Corpus delicti in persönliche Obhut, ehe er den Bodyguard rief, ihn nach oben zu begleiten. Mir entging ein einmaliges Erinnerungsstück an die Begegnung mit einem der bekanntesten politischen Persönlichkeiten dieses Jahrhunderts.

Herbst
Nun sinkt das Dunkel früh in unsern Tag.
Die grauen Nebel wallen durch das Feld.
Ein letzter froher Finkenschlag
durchjauchzt in Liebessucht die Welt.

Nun geistern Blätter durch das Wechsellicht.
Das Gold der Reben spricht vom reifen Wein.
In Weiten öffnet sich die Sicht.
Da hämmert Urgefetz sich ein.

Bald wird das Sterben Herr sein unserm Sinn.
Wir glauben ihm und legen doch die Saat
in die gereifte Erde hin
und wissen um die eine Tat . . .

Seit Erde Mutter wurde, dem was lebt
muß sie erdulden Tod und Winternacht,
die neu den Jungferngürtel webt,
den sie verschenkt in Lenzespracht.

Unvergeßliches „Cleverle"

Im Rückblick auf die Begegnungen mit Ministerpräsident Dr. Filbinger fällt neben dem rein sachlichen aktuellen Gehalt wenig Aufregendes ein. Die etwas „dröge Art" des Einser-Juristen als Hausherr der Stuttgarter Villa Reitzenstein gab dem Ablauf von Treffen mit der Presse überwiegend professionellen Charakter. Als seine schicksalhafte Verstrickung in die Tragödie eines jungen Soldaten allen Spekulationen über eine noch größere Rolle in der deutschen Nachkriegspolitik ein abruptes Ende setzte, waren externe Zeugen nicht gerade erwünscht. Sein Nachfolger war von völlig anderer Art. Als Lothar Späth „Herr auf Reitzenstein" war, gehörten regelmäßige Begegnungen im schloßartigen Komplex des Staatsministeriums zu den Höhepunkten des Jahres. Eisernes Gesetz dabei, die absolute Vertraulichkeit der Informationen, was beiderseits vielfachen Nutzen brachte. Hier wurde kein Blatt vor den Mund genommen, weder rosa Schminke noch weiße Salbe auf die Schmerzbereiche der regionalen wie der nationalen Politik geschmiert. Man ging bereichert von diesen Abenden in die Redaktion zurück und sah manches mit klareren Konturen und zutreffenderen Wertungen. Von allein kam nicht der Spitzname „Cleverle". In Erinnerung bleibt vor allem die selbstkritische und zur Selbstkritik auffordernde Analyse der immer bedrückender werdenden gesellschaftlichen und politischen Fehlentwicklungen.

„Ehe wir dauernd über alles mögliche, was reichlich Grund zur Kritik gibt, meckern und Verantwortliche beschuldigen, sollten wir prüfen, warum so vieles faul im Staate Dänemark ist." Das fängt bei mit heißer Nadel gestrickten Gesetzen an, bei unserer Neigung ja niemand anderem wehzutun, bis zur persönlichen Bequemlichkeit und Feigheit, mit der wir Entscheidungen ausweichen. Da schauen drei kräftige Männer weg, wenn ein Halbstarker ein Kind oder eine Frau anpöbelt oder gar angreift. Da erkennen wir in der Gemeinde oder im Betrieb Fehlverhalten und Fehlentwicklungen, die dringend der Abhilfe bedürfen. Die aber würde Engagement, eventuell auch Opfer von uns fordern. Da läßt man besser alles beim alten. Allzu oft, wenn wir, auf welcher Ebene auch immer, herausgefordert werden, drücken wir uns vor Entscheidungen und Handlungen nach der Regel: „Warum ich; oder so schlimm ist es ja gar nicht, lohnt das den Ärger? „Wir haben es alle noch nicht begriffen, was Demokratie eigentlich ist, daß Eigenverantwortung dort unausweichlich ist, wo früher hoheitliche Entscheidung uns Verantwortung abnahm. Dann dürfen wir uns nicht wundern, weshalb so vieles im argen liegt und radikale Verführer so oft offene Ohren bei den von unserer schönen Demokratie Enttäuschten finden."

Das „Cleverle" nahm sich, seine Regierung und seine Partei keineswegs von dieser Kritik aus. Daß er selbst zum Opfer von Kritikern wurde, die an ihn Maßstäbe legten, die sonst vorher und nachher auf breitester Front permanent, dennoch unbeanstandet überschritten werden, gab der ganzen Affaire, wie man in Baden so schön sagt, „ein Gschmäckle". Eben das gehört zu den Merkwürdigkeiten einer Entwick-

Lothar Späth stellt Bundespräsident Carstens einen beinahe norddeutschen Landsmann aus Offenburg vor, der wie Frau Carstens gebürtiger Fehmarner ist.

191

lung, deren Schwachpunkte nur wenigen so bewußt waren wie eben dem „Cleverle". Er konnte inzwischen beweisen, daß einmal Hinfallen keine Schande sein muß, um so mehr aber das Liegenbleiben und dann die Schuld nur bei anderen zu sehen.

Erkenne Dich ...
Erkenne dich an dem Geschick,
Das mit Dir spielt.
Es ist ein Teil nur deiner selbst,
Ist dein. Du kannst ihm nicht entrinnen,
Wie du dein Herz nicht wechseln kannst
Und deine Seele.

„Hat sich totgelacht"

Von der „französischen Zone" sprach man nicht mehr am Oberrhein. Die drei großen Offenburger Kasernenblöcke, in denen mehrere tausend junger Franzosen ihren Dienst taten, hatten den Charakter als Zwingburgen längst verloren. Es gab zunehmend Kontakte zwischen Zivilbevölkerung und Militär, nachdem die große Krise um den Aufstand in Algerien, bei dem der Standort Offenburg eine schwer durchschaubare Rolle gespielt hatte, glücklich überwunden war und in Baden-Baden Frankreichs berühmtester Haudegen, General Jacques Massu, als Oberbefehlshaber der französischen Streitkräfte in Deutschland das Heft in die Hand genommen hatte. Immer stärker setzte sich die Wandlung von einer Besatzungstruppe zur befreundeten Schutzmacht im Rahmen einer zunehmend wachsenden europäischen Gemeinschaft auch im praktischen Leben durch. Die Hauptschwierigkeit der grenzüberschreitenden Freundschaft beiderseits des Rheins war und ist das Sprachproblem. Immer noch sieht die Praxis so aus, daß man sich im beiderseitig geläufigeren Englisch unterhält, selbst wenn man in schönen Reden die Freundschaft preist.

In jenen Tagen wollte der General die Lage grundsätzlich verbessern. Die Gasttruppe in Deutschland, zumindest ihre Funktionsträger, sollten beschleunigt deutsch lernen. Um diese Entwicklung zu fördern, hatte auch Madame Jacques Massu, die Gattin des Generals, ein eigenes Unternehmen gestartet. Die Damen wollten den Herren der Schöpfung noch etwas vormachen, die Avantgarde bilden. Um ihr neues Vorhaben auch auf deutscher Seite zu fördern, hatte Madame die führenden Pressevertreter zu einer Teestunde in ihre Baden-Badener Residenz gebeten.

Wir wurden von der Dame des Hauses mit all jenem Charme willkommen geheißen, der auch reifere Französinnen so attraktiv macht. Tee und Gebäck waren vorzüglich. Mit charmantem Lächeln überbrückte Madame mancherlei Lücken ihrer frisch erworbenen deutschen Sprachkenntnisse, als sie mancherlei Schwierigkeiten bei der Eroberung einer fremden Sprache schilderte. Schwierig vor allem, wenn die späten „Schüler" mit Tagesaufgaben so ausgelastet waren, daß kaum Zeit zum Üben blieb. Madame, so berichtete sie uns, wußte einen praktischen Ausweg: Wo tagsüber keine Zeit war, mit dem teuren Gatten sich in der schwierigen Sprache der Germanen zu unterhalten, wenn auch meist „Untergebene" Zeugen da waren, vor denen man sich nicht blamieren wollte, blieb nur die unbeobachtete Zeit vor dem Einschlafen im trauten Ehegemach. Also wurde beschlossen, daß dort zum Üben grundsätzlich nur deutsch gesprochen werden sollte. Das sei oft recht lustig gewesen . . .

Dann aber sei es passiert: Eines Morgens fand man unter dem Bett eine tote Maus. Madame war sehr erschrocken gewesen. War das etwa ein Anschlag? Monsieur le Général bestand darauf zu prüfen, ob etwa ein Giftanschlag geplant war. Die tote Maus kam ins Militärhospital zur pathologischen Untersuchung . . .

Das Ergebnis – so Madame – war beruhigend: Kein Anschlag, aber, so der Gerichtsmediziner: „Elle sèst ena payeè une dranche". Das heißt – wieder so Madame spitzbübisch lächelnd „Sie hat sich tot gelacht, als sie unser Deutsch hörte." Und damit hatte Massus Gattin die Lacher auf ihrer Seite, als sie versicherte, das Schicksal der Maus sei kein Grund, die Bemühungen um die Erlernung der deutschen Sprache aufzugeben. Daß zumindest sie dabei erfolgreich war, bewies der Verlauf der Teestunde, an die sich die Teilnehmer auch drei Jahrzehnte später noch schmunzelnd erinnern.

In der Ortenau auf den Schild gehoben

Die Wähler zwischen Rhein und Schwarzwald in der historischen Ortenau gegenüber Straßburg, die ihre demokratische Legitimation als Urväter der deutschen Demokratie 1848 unter schweren Opfern erstritten, scheinen ein besonderes Gespür für politische Talente zu besitzen. In der Nachkriegszeit gaben sie drei jungen Politikern die Startchance, sich in die Geschichtsbücher einzutragen. Natürlich spielten die Umstände eine Rolle, entscheidend aber waren neben den geistigen und charakterlichen Anlagen immer wieder unermüdlicher, gelegentlich auch verbissener Einsatzwille.

Der in Lahr geborene Freiburger Universitätsprofessor Hans Furler zog über die Landesliste der CDU Baden-Württemberg 1953 in den zweiten Deutschen Bundestag ein, in dem sein Fachwissen zunehmend gefragt wurde. Denn eben damals begann die junge Bundesrepublik zunächst noch mit zaghaften Schritten, sich in eine neue Ordnung der Völker und Staaten einzufinden.

Als erster unter den großen Staatsmännern hatte Winston Churchill offen angesprochen, daß die Menschheitskatastrophe des Zweiten Weltkrieges mehr erforderte als die kläglichen Versuche, das Trümmerfeld Europa mit egoistischen Reparaturversuchen aufzuräumen. Mancher mochte zu diesem Zeitpunkt die Vision des Briten von einem vereinigten Europa, das sich nie wieder in blutige Kämpfe um die Vorherrschaft verstricken könnte, für reine Utopie halten. Wer aber da Gleiches dachte, wagte kaum konkrete Vorstellungen eines solchen künftigen Europas als zwingende unausweichlich logische Entwicklung offen zu fordern. Gerade hatte sich jedenfalls der „freie Teil" des zerbrochenen „Reichs" über die Zwischenstufe „Trizonesien" zur Bundesrepublik zusammenschließen können. Aber schließlich war die Zeit reif, zukunftsträchtige Entwicklungen anzubahnen, wie sie Churchill angesprochen hatte. Irgendwo mußte man anfangen, dafür bot sich zunächst als erster Schritt die Klärung des Montanbereichs an. In beiden Weltkriegen hatten die Rivalitäten

der europäischen Schwerindustrie entscheidend zum Grund-
konflikt um die Vorherrschaft zwischen den europäischen
Großmächten beigetragen.

Auf Dauer konnte man die neue Bundesrepublik nicht an
einem Wiederaufbau der entweder zerstörten oder demontier-
ten Betriebe der Kohle- und Stahlindustrie hindern. Hier galt
es neue Entwicklungen so aufeinander abzustimmen, daß
künftige Partnerschaften an Stelle tödlicher Konkurrenz
möglich würden. Robert Schuman für Frankreich, de Gaspari
für Italien und der zunehmend Format gewinnende erste
deutsche Bundeskanzler Adenauer mit seinem Außenminister
von Brentano, drei Politiker gleicher oder ähnlicher weltan-
schaulicher Grundrichtung, fanden in der ersten Hälfte der
fünfziger Jahre zaghaft eine Basis im entscheidenden industriellen Bereich, neue Wege zu einer Partnerschaft zu eröff-
nen. Die Idee einer europäischen „Montanunion" konkreti-
sierte sich zunehmend. Zunehmend war auch von „Europa"
die Rede.

Was im Anfang eher als eine gerade noch zumutbare Ein-
schränkung künftiger Konkurrenz durch eine wieder erste-
hende deutsche Stahlindustrie erscheinen mochte, wurde von
weitsichtigen Staatsmännern zugleich als mutiger Schritt
normaler europäischer Zusammenarbeit anvisiert, an der
auch Belgier und Luxemburger Interesse zeigten. Statt der
wirtschaftlichen Knebelung des besiegten und geteilten
Deutschland sollte ein erster Schritt für künftige Partnerschaft gewagt werden. Das Ergebnis einer mühsamen Entwicklung schlug sich schließlich in den „Römischen Verträgen" nieder.

In jener Periode, in der im Bundestag die schwierige Problematik „Montanunion" zur Debatte stand, war ein Fachmann wie Prof. Hans Furler besonders gefragt. Internationa-
les Wirtschaftsrecht war schließlich der Schwerpunkt der
wissenschaftlichen Arbeit des Freiburger Professors. Zunehmend rückte der Parlamentsneuling in die Spitzengruppe der
christdemokratischen Fraktion des Bundestages, konnte er
die Nachfolge Heinrich von Brentanos im parlamentarischen

Sektor übernehmen. Der Bundestag entsandte ihn als Sprecher der deutschen Gruppe in die neu zu bildende erste parlamentarische Institution eines künftigen Europa. Zur „Montanunion" gehörte logischerweise ein „Montanparlament", zu dem zunächst in Luxemburg Volksvertreter der drei Benelux-Staaten mit Kollegen aus Frankreich, Deutschland und Italien zusammenkamen. Damit war eine Basis geschaffen, die neben der Nato in einer gewissen inneren Wachstumslogik sich fort entwickelte. Von der Montanunion zur EWG, „der Europäischen Wirtschaftsgemeinschaft", deren Erweiterung und Schwerpunktverlagerung zur „Europäischen Gemeinschaft (EG)" und dann zur „Europäischen Union (EU)" führen sollte. Entsprechend wurde aus dem „Montanparlament" das Straßburger Europaparlament, an dessen Spitze im März 1960 Hans Furler als Nachfolger des französischen Gründungspräsidenten Robert Schuman gewählt wurde.

Die Renchtalstadt Oberkirch, die für den gebürtigen Lahrer nach der Heirat mit der Fabrikantentochter Gretel Furler ihm

Zwei Vorkämpfer für Europa, Konrad Adenauer und Hans Furler.

zur zweiten Heimat geworden war, wurde durch Furler zur „Europastadt". In der Köhlerschen Fabrikantenvilla trafen sich immer wieder die bekanntesten Politiker, und der Ehrenbürger des Renchtalstädtchens war in Bonn ebenso wie in Straßburg, Luxemburg, Brüssel und in den anderen europäischen Metropolen einer der markantesten Vertreter des werdenden Europa. Der Chefredakteur seiner Heimatzeitung verfolgte diese Anfangswegstrecke der europäischen Einigung mit heißem Herzen. Hatte ihm doch in den Zeiten seiner tiefsten Erniedrigung immer wieder ein Traum vorgeschwebt, daß logische Konsequenz des Zweiten Weltkriegs nur sein könnte, daß die Völker Europas einmal sich zusammentun würden, um im Konzert der Großmächte eine ihnen zukommende Rolle spielen zu können. Hatte es nicht tausend Jahre zuvor so etwas ähnliches gegeben, als Päpste und Kaiser vom „Heiligen Römischen Reich" gesprochen hatten, zugleich aber immer wieder alle Ansätze seiner Verwirklichung in blutigen Machtkämpfen verhindert?

Die räumliche Nähe und die vielfachen Kontakte durch die Fülle von markanten Ereignissen um die Verflechtungen des heimischen Politikers mit den Geschehnissen in Bonn und Straßburg sorgten für eine über die rein beruflichen Anlässe hinausgehende Verbindung. Sie boten Hintergrundinformationen und sorgten für eine echte Bereicherung auf einer eher freundschaftlichen Ebene. Dabei gab es immer wieder neue Anlässe, denn besonders in der ersten Hälfte der sechziger Jahre gab es kaum eine herausragende politische Entwicklung, in deren Zusammenhang nicht der Name Furler genannt wurde. Er selbst aber zog es vor, den Schwerpunkt weiter auf dem europäischen Feld und besonders in der Betreuung der assoziierten früheren Kolonialländer in Afrika und in der Karibik zu suchen. Zunehmende gesundheitliche Probleme bremsten weitere Aktivitäten, so daß er 1972 auf die Erneuerung seines Bundestagsmandats verzichtete und einem jungen Politiker den Weg frei machte, der sich in ähnlich kurzer Zeit von der Hinterbank des Bonner Plenarsaals in die erste Reihe der deutschen Nachkriegspolitik vorarbeiten sollte.

198

Ein spätes Bild: Pensionär Lindschau mit dem vom Schicksal gezeichneten Dr. Schäuble 1996 in Offenburg.

Sein Name: Doktor Wolfgang Schäuble, auf den Oberkircher folgte ein Gengenbacher, Ortenauer Städte haben es in sich...

Auch Wolfgang Schäuble gab sich von Beginn an nicht mit der Neulingsrolle im Plenarsaal zufrieden und rückte sehr schnell in der Hierarchie der christdemokratischen Bundestagsfraktion vor. Auch wenn die boshafte Regel der Konkurrenz zunehmend an Gültigkeit verlor, daß im Wahlkreis 188 auch ein „Besenstiel" gewählt würde, wenn er nur schwarz sei: Doktor Schäuble konnte sich an die Spitzenwerte seines Vorgängers im Wahlkreis voll anschließen, sie zum Teil sogar ausbauen und eigene Führungsaufgaben in der Fraktion übernehmen. Sehr schnell hatte sich nicht nur in Bonn herumgesprochen, daß nur wenige Politiker mit dem Ortenauer sowohl an Einsatzbereitschaft wie an außerordentlicher Geistesschärfe mithalten konnten. Der Aufstieg des jungen CDU-Politikers vom Oberrhein wurde zunehmend im politischen Deutschland beachtet. Um so größere Betroffenheit lösten jene Ereignisse aus, die in der Nacht des 13. Oktober 1990 drohten, eine der hoffnungsvollsten Politikerlaufbahnen der Nachkriegszeit gewaltsam zu beenden. Die Schüsse eines Attentäters aus dem eigenen Wahlkreis, für die keine stichhaltige logische Begründung, von einer persönlichen Verärgerung abgesehen, erkennbar war, lösten national und international tiefste Bestürzung aus. Das galt nicht zuletzt für meine Frau und mich, deren Wege sich auch nach der inzwischen erfolgten eigenen Pensionierung immer wieder kreuzten, deren Verhältnis gegenseitiger Achtung und einer distanzierten Vertrautheit geprägt waren.

In jener Nacht standen bei uns die gepackten Koffer bereit für den am Morgen geplanten Antritt einer dringend erforderlichen Kur im Heilbad Krozingen, als wir aus der gewohnten Ruhe unseres Häuschens im Rebdorf aufgeschreckt wurden. Beinahe pausenlos brausten Hubschrauber in Richtung Klinikum über uns hinweg. Als wir das Radio einschalteten, gab es nur ein Thema: Das Attentat in Oppenau, die wenig Hoffnung lassenden Mitteilungen über die grausamen Verletzungen eines Mannes, dessen kometenhaften Aufstieg in die Spitzengruppe deutscher Politiker wir aus nächster Nähe hatten verfolgen können. Nicht nur des Hubschrauberlärmes wegen traten wir nach einer schlaflosen Nacht die Fahrt zum Kurort an. Viele vergebliche Fragen nach dem Sinn derartiger Schicksalsschläge, die eigenen eingeschlossen, bleiben weiter unbeantwortet. Was bleibt, ist die Bewunderung für einen Menschen, der so beispielhaft sein Schicksal meistert und damit vielen anderen Mut gibt und im Glauben an die eigene Aufgabe ungeahnte Kräfte entwickelt. Das aber läßt erwarten, daß auch der schwere Rückschlag, den er gemeinsam mit seinem Mentor Helmut Kohl inzwischen erlebte, keineswegs das Ende der Karriere dieses ungewöhnlichen Ortenauers bedeutet. Die einmalige Kombination so herausragender Verstandesgaben mit einer adäquaten Energie und Willenskraft dürfte Garantie dafür sein, daß nach dem „Ober-

Ein frischgebackener Bundestagsabgeordneter: Bei der Offenburger Messeeröffnung 1972 beobachtet Dr. Wolfgang Schäuble seine Parteifreundin, die Stuttgarter Sozialministerin Annemarie Griesinger, mit der Lehrerin Elke Lindschau bei der Eröffnung eines Malwettbewerbs für junge Messegäste.

kircher" auch der „Gengenbacher" in den Geschichtsbüchern verzeichnet bleibt.

Nicht ganz so nahe blieb uns der zweite Nachwuchspolitiker des Wahljahres 1972. Noch kurz vor Wolfgang Schäuble hatte sich ein Jungpolitiker in der Offenburger Redaktion vorgestellt, dessen hartkonturiertes Gesicht sich einprägte. Der junge Erwin Teufel aus dem Schwäbischen begann seine parlamentarische Landeskarriere an der Randzone unseres Verbreitungsgebietes im Schwarzwald und erwarb nicht zuletzt durch seine ungewöhnliche Zähigkeit und seinen verbissenen Fleiß einen Rang, den zunächst kaum jemand ihm zugetraut hätte. Der Konkurrent des sehr viel agileren Fraktionsfreundes Lothar Späth setzte sich gegen alle Konkurrenz im Landtag, die gegenüber dem „Dorfbürgermeister" beträchtliche Startvorteile einer akademischen Bildung und weltläufiger Familientradition aufwiesen, überzeugend durch. Als die Stunde schlug, stand der CDU-Fraktionssprecher im Stuttgarter Landtag bereit, beinahe nahtlos die Nachfolge des gestolperten „Cleverles" als Ministerpräsident und „Herr auf Reitzenstein" anzutreten. Dabei blieb er einerseits so zurückhaltend, geradlinig und bescheiden, wie er angetreten war, und verstand es dennoch, eine immer stärker beachtete Rolle in der Mannschaft der Spitzenpolitiker und Landesfürsten zu erobern.

Der Mutter zum 70. Geburtstag 15. 4. 54

Wenn es köstlich war, sagt das Bibelwort,
dann ist es Mühe und Arbeit gewesen.
Das gilt über alle Zeiten fort
das haben vieltausend Söhne gelesen
und haben dabei der Mutter gedacht,
die all diese viele Arbeit vollbracht,
all die Mühen und Sorgen, sie mußten sein,
daß Männer wurden, die einst so klein.

Dann spricht man von ihnen, die stark und stolz,
und sagt wohl – die sind vom rechten Holz –
doch wer spricht davon, wer gibt den Lohn
den Müttern – und doch gebührt ihnen die Kron!

Kein Kindchen wäre ohne der Mutter Not,
kein Mann wuchs ohne der Mutter Brot,
ohne ihre Sorge, Pflege und Rat –
wie eitel ist all unsere prahlende Tat . . .

Unter Macedoniens Sternenzelt
war es – fast am Ende der Welt
und am Ende der Tage, die mir gezählt
verlassen – allein – vom Fieber gequält,
so unendlich allein – da fehlte die Kraft,
die noch einmal der Not die Wende schafft –
da dachte ich zurück und dachte an Dich
wie weinend Du an dem Bett gestanden,
als sie den zerschossenen Leib mir verbanden.
Da kam die Ruhe über mich.

Da wußte ich wieder – nie bist Du allein,
zu Haus, die Mutter, sie wartet Dein.
So war es immer, stets warst Du mir nah,
wurde die Not zu groß – dann warst Du da!
Was waren die Jahre, die Du gelebt,
stets hast nur für uns Du entbehrt und gestrebt,
Dein Tag waren wir von früh bis spät,
Du hast gewaschen, gekocht, genäht.
Hast uns umhegt und bei uns gewacht,
hast um uns geweint – mit uns gelacht.
So wuchsen wir auf an Deiner Hand,
eins nach dem andern den Weg dann fand,
hinaus aus dem Nest – fort in die Welt,
mit eigener Kraft auf sich selbst gestellt –
mit der Kraft von Dir, die nahmen wir mit,
und Du gingst mit uns jedweden Schritt.

15. April 1954

Vom Fasnachtskind zum Konzerngründer

Es gibt wenige Epochen, die eine vergleichbare Herausforderung an echte Pioniere stellten, wie die erste Nachkriegszeit, die zur Periode eines beinahe unaufhaltsamen Wiederaufbaus auf der verbrannten Erde Mitteleuropas wurde, der als „Deutsches Wirtschaftswunder" in den Annalen der Geschichte verzeichnet ist. Bis dahin unbekannte Namen sind Begriff geworden, manche nur noch Erinnerung an glorreiche Tage.

Den Namen des Bremer Autopioniers Borgward kennen nur noch wenige, den Markennamen „Grundig" verbinden längst nicht alle, die vor den Flimmerkisten sitzen, mit einer ungewöhnlichen Persönlichkeit. Wer weiß noch, daß ein Ehepaar Schickedanz am Anfang des „Quelle-Weltkonzerns" steht, und wenn Neckermann etwas „möglich macht", denken viele eher an den großen Sportsmann und Herrenreiter als an ein Wirtschaftsimperium. Zumindest alle Offenburger, denen beinahe überall in der Welt die fünf Buchstaben BURDA begegnen können, erkennen darin quasi die „Hausmarke" ihres Heimatstädtchens.

Am Anfang stand eine Persönlichkeit von ungewöhnlichem Rang, die sich in kein wie auch immer geartetes Schema einpassen läßt. Offenburg, die Stadt mit dem weitgeöffneten Tor in ihrem Wappen, war in all ihrer damals kleinbürgerlichen Enge kein Hindernis für den Enkel eines böhmischen Wandergesellen, zusammen mit der Tochter eines wie man im Badischen sagt „Isenbähnlers" auf seine Art die Welt zu erobern.

„Es muß wirklich eine gute Fee gewesen sein", schrieb der Autor zum achtzigsten Geburtstag von Senator Professor Doktor Franz Burda, die am 24. 2. 1903, dem Fasnachtstag, an dessen Wiege gestanden hat. Sie hatte dem Familienstatus entsprechend keine materiellen Gaben, aber, was sie schenkt, war mehr wert: Das fröhliche Herz, das offene Ohr für die Musik und das scharfe Auge für die Pracht der Farbe, vor allem aber die Gabe, Freude zu schenken und Freund zu sein.

Neben der harten Arbeit an der Spitze seines Verlags- und Druck-
imperiums war der Offenburger Senator Dr. Franz Burda einer der
kreativsten Veranstalter von weltweit beachteten Festen. Hier ver-
leiht er Mildred Scheel für ihre herausragende karitative Leistung
das bekannteste „Rehlein" der Welt, den Goldenen Bambi. Gewissermaßen als „Pate" dabei, sein alter Freund Franz Josef Strauß.
(Foto: dpa)

Alle diese schönen Gaben ohne materiellen Wert aber hat das Fasnachtskind Franz Burda richtig einzusetzen vermocht, um aus dem Nichts ein Imperium zu schaffen und es – das ist besonders ungewöhnlich – in die richtigen Hände weiterzugeben. Aus der am Existenzrand dahinvegetierenden Minidruckerei seines Vaters schuf der studierte Drucker einen Medienkonzern von Weltruf. Der hält inzwischen unter der kongenialen Führung seines jüngsten Sohnes die Finger am Puls modernster Medientechnik. Neben der Hochleistungsdruckerei am Offenburger Kinzigufer entsteht inzwischen zukunftsträchtig ein „Medien-Park" . . .

Doch zurück zu den Anfängen, wie sie sich damals dem „hergeloffenen" Neu-Offenburger aus dem hohen Norden darstellten. Wer kannte schon Offenburg, wenn nicht im Zusammenhang mit einem Illustriertenverlag, der zunehmend von sich Reden machte. Böse Zungen sprachen von „Burda-Pest". Wenn auch der Zeitungsverlag eigenständig und unabhängig von dem ständig wachsenden Bruder war, so gab es doch mit dem damals schon größten Betrieb der Stadt laufend Kontakte. Angesichts der vielfältigen Aktivitäten des Firmenchefs gab es immer wieder Anlaß zur Berichterstattung. Der aber beobachtete „seine" Heimatzeitung mit fachmännisch kritischen Augen, nicht zuletzt deren neuen Chef mit dem norddeutschen Namen. Schließlich brachte auch der manch frischen Wind in das „Blättchen".

Über kurz oder lang ergaben sich persönliche Kontakte, auch wenn die Ebenen nach Aufgaben und Größe der Tätigkeitsbereiche kaum unterschiedlicher sein konnten: Hier der immer weltläufiger werdende Illustriertenkonzern, dort die vor allem der engeren Region verpflichtete Heimatzeitung. Denn der Konzernchef war und blieb bei aller Weltläufigkeit immer ein bekennender Offenburger, Mitglied in den örtlichen Vereinen und weiter Jugendfreunden und Mitschülern in seiner speziellen Herzlichkeit verbundener Kamerad. Er machte auch dem Neubürger nach gebührender Beobachtung manche Tür ins „eigentliche Offenburg" auf. Als er eines Tages mit unnachahmlichem Charme ein Lob für eine etwas

206

ungewöhnliche Zeitungsarbeit mit der Anrede „Lieber Freund und Kollege" begann, empfand der Jüngere das beinahe als „Ritterschlag", wurde er doch damit in einen engeren Kreis aufgenommen und gehörte einfach „dazu".

Der Senator hat danach kein Hehl daraus gemacht, daß er eigentlich den in seinen Augen durchaus interessanten nach Offenburg verschlagenen Journalisten ganz gern in seinen Stab eingebaut hätte, was vor allem finanziell mehr als reizvoll war. Aber er hatte auch Verständnis dafür, daß der Jüngere es vorzog, seinen beruflichen Schwerpunkt weiter in der Eigenständigkeit des überschaubaren Arbeitsbereichs und der mit Leidenschaft betriebenen aktuellen politischen Kommentierung zu behalten. Das lag ihm doch mehr als die eher bunte und lockere Illustriertenwelt des großen Verlagshauses. Auch wenn der Konzernchef etwas enttäuscht reagierte auf die Begründung „außerdem wollen wir ja Freund bleiben", hat er es akzeptiert. Und in zwei Jahrzehnten gehörten „Lindschaus" (die Gattin einbezogen) einfach immer „dazu". Das aber bedeutete vor allem im kulturellen und gesellschaftlichen Umfeld des Hauses Burda immer wieder eine Bereicherung: Unvergeßlich die großen bunten Feiern des bal paré in München, der Bambi-Verleihungen und nicht zuletzt der regelmäßigen Matinee-Veranstaltungen, zu denen der Senator in das Foyer des Druckereigebäudes, das einen idealen Konzertsaal bot, die bekanntesten und besten Sängerinnen und Sänger der Zeit einlud.

Es war faszinierend zu beobachten, wie beinahe vor der Haustür ein Wirtschaftsimperium, oftmals hart an der Wagnisgrenze entlang von einer ungewöhnlichen Persönlichkeit aufgebaut wurde, wie parallel daneben auch die Gattin des Senators in Idealkonkurrenz ihr eigenes Imperium, das Haus „Burda-Moden" mit weltweiter Verbreitung aufbaute. Auch sie, die Lokführertochter, als die große alte Dame Offenburgs längst Ehrenbürgerin ihrer Heimatstadt. Es war immer wieder faszinierend, die Vielseitigkeit von Menschen zu beobachten, die es fertigbrachten, trotz allen oft knallharten ökonomischen Erfolgsstrebens, sowohl offen für die Traditionen und Feste der kleinstädtischen und ländlichen Heimat wie für die Spitzenereignisse des internationalen Kulturlebens und der schönen Künste zu bleiben. Vor allem der Senator pflegte das Erbe jenes böhmischen Musikanten, der ein Jahrhundert zuvor in der Ortenau hängengeblieben war, mit Freude und Virtuosität. Wenn sich der distanzierte Wegbegleiter an diese Persönlichkeit von absoluter Originalität erinnert, dann ist es nicht vor allem der Konzernherr, auch nicht der begeisterte Naturfreund und Jäger, sondern immer noch ein begeisterungsfähiger natürlich gebliebener Mensch, der dem Kapellmeister seines Werksorchesters den Taktstock aus der Hand nahm und selbst voll hingegeben virtuos diesen Klangkörper zu ungeahnten Leistungen führen konnte . . .

Abendlied

Weit durch die Wälder und Wiesen
führte der Pfad durchs Land,
es wuchsen dunkle Riesen,
aus rotem Abendbrand.

Weit über goldene Ferne
ergreift das Silber des Sees,
blaß blühen erste Sterne
wie Bilder zitternden Wehs.

Nachtleise beben Gesänge,
verdämmernd erstirbt die Welt,
tagjubelnde letzte Klänge
erfüllen noch kurz das Feld.

Dann mögen die Nächte sinken,
mag Dunkel herrschen und Leid,
mag dir der Morgen blinken,
zur ihm gebotenen Zeit.

Abschied

„Dem journalistischen Ziehvater des Ortenaukreises" heftete Staatssekretär Ruder das Bundesverdienstkreuz an die Brust. Das war der Höhepunkt des Empfangs, zu dem das Medienhaus Reiff alles, was in der Ortenau Rang und Namen hatte, anläßlich der Verabschiedung seines Chefredakteurs am 7. Mai 1982 gebeten hatte.

Des Rühmens war kein Ende und brachte den künftigen Rentner öfters in Verlegenheit. So wichtig hatte er sich selbst nie genommen. In nicht ganz einem Vierteljahrhundert seiner Tätigkeit war immerhin aus den liebenswerten „Käsblättchen" von traditionellen Heimatzeitungen die weiterhin gegliederte Mittelbadische Presse des „Ortenaukreises" geworden. In der schwierigen Gründungsphase des flächengrößten Landkreises Baden-Württembergs hatten auch die Heimatzeitungen und der von Ruder zitierte „journalistische Ziehvater" einen wesentlichen Beitrag geleistet. Sie hatten ihre Stellung gegenüber der größeren Konkurrenz der Regionalzeitungen Südwestdeutschlands, der die meisten überlieferten alten Heimatzeitungen erlegen waren, nicht nur erhalten sondern stärken können und verzeichneten mit Stolz, daß sie auch in den Pressespiegeln des Rundfunks überproportional gewürdigt wurden.

Daß in den Abschiedsreden eine beispielhafte Förderung der wirtschaftlichen, der gesellschaftlichen und nicht zuletzt der kulturellen Belange der Landschaft am Oberrhein durch ihre Heimatzeitungen herausgestellt wurden, durfte Verleger Alfred Reiff ebenso wie seinen langjährigen Chefredakteur mit Genugtuung erfüllen. Der Händedruck in der Abschiedsstunde symbolisierte noch einmal eine beiderseits geschätzte beispielhafte Kooperation, die von gegenseitiger Achtung und Vertrauen geprägt war. So wurde die Abschiedsstunde zur Rechtfertigung eines Berufseinsatzes, der Pflicht wie Hobby miteinander verwoben hatte, was den Verzicht auf „normale" Arbeitszeiten und freie Wochenenden weitgehend einschloß.